C. Peter Wagner

Das offensive Gebet

Strategien zur geistlichen Kampfführung

Teil I
einer Trilogie über Gebet

Projektion J Verlag GmbH, Wiesbaden

Titel der Originalausgabe:
Warefare Prayer

© 1992 by C. Peter Wagner
Published by Regal Books, Ventura, California (USA)

© der deutschen Ausgabe
1992 by Projektion J Verlag GmbH, Niederwaldstr. 14, W-6200 Wiesbaden

ISBN 3-925352-72-4

Bibelstellen wurden der Einheitsübersetzung entnommen.

Übersetzung: Gregor Waller, Projektion J Verlag GmbH
Umschlaggestaltung: Büro für Kommunikationsdesign Heidenreich, Haltern am See
Gesamtherstellung: Schönbach-Druck GmbH, Erzhausen

Nachdruck, auch auszugsweise, nur mit Genehmigung des Verlages.

1 2 3 4 5 93 94 92

*Dieses Buch
ist Familie Potter gewidmet:
Karen und Curt,
Christopher, Phillip und Jennifer*

Weitere Bücher von C. P. Wagner

Gemeindegründung – Die Zukunft der Kirche
Lektionen aus der weltweiten Erweckung

INHALT

Einführung 7

1. Der Kampf an der Front 11
2. Der wahre Kampf ist geistlicher Natur 27
3. Jesus in der Offensive 39
4. Dämonen hinter jedem Busch 55
5. Dämonische Territorialherrschaft – damals und heute 67
6. Die Ausbildung der Kämpfer 79
7. Sündenvergebung für eine ganze Nation 97
8. Die Mächte benennen und lokalisieren 111
9. Die Grundsätze zur Einnahme einer Stadt 125
10. Wie man Fehler vermeidet 141

Anmerkungen 155

EINFÜHRUNG

Seit einigen Jahren ist ein wachsendes Interesse am Übernatürlichen und an der Frage zu erkennen, welche Rolle uns Christen im geistlichen Kampf zugedacht ist. Autoren wie Frank E. Peretti haben einen Teil der Christen wachgerüttelt, während andere Leserkreise durch Autoren wie Walter Wink zum Nachdenken gebracht wurden. Larry Leas Veranstaltungen und die Konferenzen mit John Wimber über geistlichen Kampf ziehen Tausende von Christen an. Einige theologische Fakultäten führen Vorlesungsreihen über Spiritualität, den Aufeinanderprall der Mächte, Heilungsdienst und Befreiungsdienst durch. Eine unvollständige Liste davon ist in meinem Buch *Wrestling with Dark Angels* (Ringen mit den Boten der Finsternis) zu finden.

Als ich 1980 die geistlichen Dimensionen des Gemeindewachstums zu erforschen begann, wurde diese neue Thematik zunehmend aufschlußreicher. Ich verbrachte mehrere Jahre damit, dem Einfluß, den übernatürliche Zeichen und Wunder auf das Wachstum von Gemeinden haben, auf den Grund zu gehen und trug meine Ergebnisse in dem Buch *Der gesunde Aufbruch* zusammen. 1987 begann ich dann mit meiner Forschungsarbeit über Gebet. Dabei entdeckte ich, daß es in diesem Bereich drei Themenkomplexe gibt, die mir wichtig erscheinen, die aber durch Forschung, Literatur und Lehre nur unzulänglich aufgearbeitet waren. Diese drei Themenkomplexe sind: (1) strategische Fürbitte, (2) Fürbitte für christliche Leiter und (3) die Beziehung zwischen Gebet und dem Wachstum einer Ortsgemeinde. Einige Jahre lang konzentrierte ich meine Arbeit auf diese Bereiche.

Ein Resultat dieser Arbeit ist der Entwurf einer Buchtrilogie über Gebet, wobei jedes der drei Bücher einen Bereich behandeln soll. Das vorliegende Buch ist nun das erste und es behandelt die strategische, geistliche Kampfführung und das dafür nötige offensive Gebet. Zur Zeit erscheinen viele neue Bücher über geistlichen Kampf. Aber bisher hat noch kein Autor den Versuch gewagt, einen Überblick über den Gesamtkomplex zu geben und sich dabei auf eine große Bandbreite von Theologen, biblischen Lehrern, heutigen Autoren und Praktikern zu beziehen. Ein kurzer Blick auf die jeweils in den Anmerkungen zu den Kapiteln genannten Autoren wird genügen, um das Spektrum von Autoritäten auf diesem Gebiet anzudeuten, die ich beim Schreiben zu Rate gezogen habe.

Ich bin allen zu Dank verpflichtet, denn ich wäre mit Sicherheit nicht in der Lage gewesen, lediglich aufgrund meines eigenen Wissens und meiner eigenen Erfahrung ein so grundlegendes Buch zu schreiben.

Manche Themen dieses Buches werden in einer Ausführlichkeit behandelt, in der sie in wohl keinem anderen bislang veröffentlichten, englischsprachigen Buch zu finden sind. Ich habe hier mehr biblisches Material zusammengetragen, als ich je in einem anderen Buch finden konnte. Der Grund dafür ist zum Teil in der Tatsache zu suchen, daß viele Christen die geistliche Kampfführung grundsätzlich nicht für ein Thema der Bibel halten. Themen wie »dämonische Territorialherrschaft« und die »Benennung geistlicher Mächte« werden in diesem Buch ausführlich behandelt. Heilung wird häufig auch in anderen Büchern thematisiert, aber sie wird nur selten in der Tiefe dargestellt, die für einen effektiven Gebetskampf nötig ist. Viele andere Themen, mit denen ich mich auseinandersetze, werden auch von anderen Autoren behandelt, aber jeder von uns hat andere Erkenntnisse, die zusammengenommen unser gemeinsames Verständnis für geistliche Zusammenhänge wachsen lassen.

Diese Anmerkungen mögen so klingen, als hätten Sie eine wissenschaftliche Abhandlung in der Hand. Ich hoffe auch, daß dieses Buch wissenschaftliche Qualität und Integrität besitzt, ohne sich allerdings so zu lesen. Jedes Kapitel ist voller lebendiger Geschichten und Anekdoten, die sich vor allem in Argentinien, aber auch in den USA und anderen Teilen der Welt zugetragen haben. Ich bin ein Theoretiker, aber ich gehöre zu denen, die an Theorien interessiert sind, die auch tatsächlich funktionieren. Argentinien war mein wichtigstes »Labor«, in dem diese Überlegungen getestet wurden. Deshalb werden Sie von vielen Ereignissen lesen, die sich dort zugetragen haben. Manche davon sind ernst und tragisch, wie der Tod einer Hexe. Andere sind voller Humor, wie der Bericht von dem »Dämon der Schlüssel«.

Pastor Omar Cabrera war der erste, der meine Aufmerksamkeit auf das Potential richtete, das die geistliche Kampfführung für die Evangelisation bietet. Seine Gemeinde heißt »Vision of the Future Church« (Zukunftsvision) und gehört zu den weltweit zehn größten Gemeinden. Als ich ihn 1985 besuchte, erzählte er mir seine persönlichen Erfahrungen, die er mit der Identifizierung und dem Binden von territorialen Geistern gemacht hatte, welche die Städte, in denen er neue Projekte beginnen wollte, unter ihrer Kontrolle hielten. Ich bin Omar und seiner Frau Marfa für die Anregung und Unterstützung, die sie mir für diese Trilogie gegeben haben, sehr zu Dank verpflichtet.

Ich war begeistert, als ich kürzlich einen Brief las, den Bernie May, Leiter der amerikanischen Wycliff-Bibelübersetzer, geschrieben hat. Mein Interesse wurde dabei insbesondere von der Tatsache erregt, daß dieser Brief von höchster Leitungsebene geschrieben war – und bisher war

»Wycliff« eine Organisation gewesen, die planmäßige geistliche Kampfführung nicht besonders betont hatte, obwohl viele ihrer Übersetzer und Mitarbeiter auf dem Missionsfeld schon damit zu tun gehabt haben.

In diesem Brief berichtet Bernie May von einem Übersetzer, der ihn nach langjähriger Erfahrung auf dem Missionsfeld in seinem Büro aufsuchte und ihm sagte: »Für die Zeit, in der ich zu Hause bin, habe ich mir folgende zwei Ziele gesteckt: Erstens muß ich so viel wie möglich über geistliche Kampfführung lernen, denn draußen haben wir nicht gegen Klima, Malaria oder falsche Religionen zu kämpfen, sondern mit Mächten und Gewalten, mit den bösen Geistern zwischen dem Himmel und der Erde, von denen im Epheserbrief, Kapitel 6, Vers 12 die Rede ist.« Er fuhr fort: »Mein zweites Ziel ist, noch mehr Leute zu finden, die bereit sind, mit uns zusammen für einen Durchbruch zu beten, denn Gebet ist der einzige Weg, um die geistliche Finsternis über diesem Land zu durchbrechen. Ich brauche Fürbitter, die an meiner Seite stehen.«

Ich brauche wohl kaum zu betonen, wie begeistert ich war, daß die zwei Hauptanliegen dieses Missionars mit den Themen der ersten beiden Bände meiner Trilogie über Gebet identisch waren. Meine Begeisterung wurde noch gesteigert, als ich las, wie Bernie May selbst schrieb: »Wie mein Freund aus Asien brauche auch ich mehr Wissen über den geistlichen Kampf, und auch ich brauche Leute, die mit mir im Gebet stehen.«

Ich bin davon überzeugt, daß der Geist Gottes mit dieser Aufforderung heute nicht nur an die Wycliff-Bibelübersetzer herantritt, sondern daß dies die Botschaft ist, die er den Gemeinden in der ganzen Welt sagen will. Deswegen bete ich, daß dieses Buch für diejenigen, die Ohren haben, um das zu hören, was der Geist Gottes sagt, ein Instrument in den Händen Gottes wird, durch das er sie noch viel stärker in seine Nähe zieht und durch das er sie auf neue Weise für einen offensiven Gebetskampf öffnet.

C. Peter Wagner
Fuller Theological Seminary
Pasadena, Kalifornien

Kapitel 1

Der Kampf an der Front

Argentinien ist ein guter Schauplatz, um zu erklären worum es beim »Kampfgebet« eigentlich geht.

Momentan führe ich drei kurze Listen, auf denen ich die Nationen notiert habe, die für mich besondere Bedeutung haben:

- Die Nationen, die zur Zeit die größte Ausgießung des Geistes Gottes und seiner Macht erleben: China und Argentinien.
- Die Nationen, in denen ich selbst am häufigsten diene: Japan und Argentinien.
- Die Nationen der dritten Welt, von denen wir Christen in westlichen Ländern besonders viel lernen können: Korea (Gebet) und Argentinien (geistliche Kampfführung).

Seit 1990 haben meine Frau Doris und ich viele Reisen nach Argentinien gemacht, um vor Ort selbst zu beobachten und um selbst ein Teil dessen zu werden, was sich als riesiges Laboratorium zur Erforschung der Beziehungen zwischen strategischem geistlichen Kampf und Evangelisation entwickelt. Argentinien war für uns die Front in unserem Versuch, mehr über die geistlichen Dimensionen der Weltevangelisation zu lernen.

Die drei Ebenen geistlicher Kampfführung

Wenn ich mir die Entwicklung anschaue, die die Welt in den letzten Jahren durchgemacht hat, dann war das Jahr 1990 der Beginn einer deutlichen Interessenszunahme an dem Thema geistlicher Kampf. Der Schwerpunkt des Interesses lag insbesondere bei dem, was ich als »strategische geistliche Kampfführung« bezeichnen möchte. Diese Entwicklung war unter Gläubigen jeglicher Konfessionszugehörigkeit zu beobachten.

Wenn einmal alles geklärt ist, wird es wahrscheinlich viele, sogar sehr viele, unterscheidbare Ebenen der geistlichen Kampfführung geben. Aber zur Zeit möchte ich mich auf drei Ebenen beschränken, über die es unter Christen, die in dieser Art von Dienst schon Erfahrung haben, weitgehende Übereinstimmung gibt. Natürlich kann jede dieser drei Ebenen noch weiter unterteilt werden, und es kann bei den fein gezogenen Grenzlinien verschiedentlich zu Überschneidungen kommen. Aber ich fand es hilfreich, die folgenden Ebenen voneinander zu unterscheiden:

1. Die Ebene des geistlichen Nahkampfes

Damit ist der Dienst gemeint, Dämonen auszutreiben. Als Jesus das erstemal seine zwölf Jünger aussandte, »gab er ihnen Vollmacht, die unreinen Geister auszutreiben« (Mt 10,1). Als dann die Siebzig, die Jesus in Lukas 10 ausgesandt hatte, von ihrer Mission zurückkehrten, sagten sie voll Freude zu ihm: »Herr, sogar die Dämonen gehorchen uns, wenn wir deinen Namen aussprechen« (Lk 10,17). Und als Philippus Samaria evangelisierte, heißt es: »Denn aus vielen Besessenen fuhren unter lautem Geschrei die unreinen Geister aus« (Apg 8,7). All das sind Beispiele für geistlichen Nahkampf.

Geistlicher Nahkampf ist diejenige Form geistlicher Kampfführung, die im Neuen Testament am häufigsten zu finden ist. Auch heute noch ist er diejenige Form geistlicher Kampfführung, die am häufigsten von Christen praktiziert wird. Im großen und ganzen ist jede Gruppe oder Einzelperson, die mit »Befreiungsdienst« zu tun hat, in geistlichen Nahkampf verwickelt. In unserem heutigen, modernen Zeitalter haben wir bei pfingstlichen, aber auch bei charismatischen Gruppen schon einiges von diesem Dienst sehen können. Missionare brachten Berichte über solche und ähnliche Vorfälle aus allen Winkeln der Erde zurück. Es gibt Länder wie beispielsweise Indien, in denen es in manchen Dörfern kaum einen Bekehrten gibt, der nicht von bösen Geistern befreit wurde. Und in Ländern wie China, Nepal oder Mosambik ist Evangelisation ohne begleitenden Befreiungsdienst völlig undenkbar.

Die meisten Bücher, die in christlichen Buchhandlungen über geistliche Kampfführung erhältlich sind, befassen sich mit dem geistlichen Nahkampf. Obwohl Befreiungsdienst für manche noch ein Fremdwort ist, wird er bei uns doch schon seit einiger Zeit praktiziert, und es gibt eine ganz erkleckliche Anzahl christlicher Leiter, die auf diesem Gebiet mittlerweile viel Erfahrung gesammelt haben – obwohl ich der Meinung bin, daß ihre Anzahl immer noch zu klein ist.

2. Die Ebene des Okkulten

Es ist offensichtlich, daß durch Schamanen, New-Age-Medien, Okkultisten, Hexen und Hexer, Satanspriester, Wahrsager und ähnliche noch eine andere Form dämonischer Macht wirkt. Diese Art dämonischer Macht unterscheidet sich wesentlich von den »*gewöhnlichen Dämonen*«, die vielleicht Kopfweh, Trunksucht oder Skoliose verursachen oder eine Ehe zerstören können. Als der Apostel Paulus in Philippi war, belästigte ihn eine besessene Wahrsagerin so lange, bis er den Geist schließlich aus ihr austrieb. Dieser unterschied sich offenbar von gewöhnlichen Dämonen, denn der Vorfall verursachte eine so große politische Unruhe, daß die Apostel ins Gefängnis geworfen wurden (Apg 16,16–24).

Christen in den USA wußten bis vor ein paar Jahren über die geistlichen Aktivitäten auf dieser okkulten Ebene kaum etwas. Manche kümmerte es nicht einmal besonders, als publik wurde, daß Nancy und Ronald Reagan einen Astrologen als Berater konsultierten, um in Washington auf höchster Ebene Entscheidungen zu fällen. Und die Tatsache, daß Michael Dukakis eine Frau zur offiziellen Hexe des Staates Massachusetts ernannt hatte, gehörte nicht zu den Hauptgründen, weswegen die Evangelikalen[1] ihn nicht als Präsident haben wollten. Zu jener Zeit besaßen nur wenige Wissen über die geistliche Kampfführung auf der Ebene des Okkulten.

Aber die Zeiten ändern sich. Die Gerüchte, daß in Deutschland die Anzahl öffentlich praktizierender Hexen die Anzahl der Pfarrer, Pastoren und Geistlichen übersteigt, erregen mittlerweile Aufsehen. Ein Missionar, der nach Frankreich gesandt worden war, berichtet, daß die Anzahl der Franzosen, die, wenn sie krank sind, Hexen konsultieren, größer ist als die Anzahl solcher, die medizinische Hilfe in Anspruch nehmen. Es gibt keine genauen Zahlen, aber höchstwahrscheinlich ist die am schnellsten wachsende religiöse Bewegung in den USA die New-Age-Bewegung. Hervorragende christliche Bücher über »New Age« schärfen unser Bewußtsein und wecken unsere Besorgnis über den geistlichen Kampf auf der Ebene des Okkulten. Die Titelseite des Magazins »*Christianity Today*« (Christentum heute) 29. April 1991 zeigt, wie dämonische Macht im Begriff ist, von einem Vollmond auf die Erde herabzusteigen. Mark I. Bubecks Buch *The Satanic Revival* (Satans Rückkehr) dokumentiert viele der Dinge, die gerade in den USA vor sich gehen und bietet Vorschläge, wie Christen darauf reagieren können.

3. Die Ebene des strategischen, geistlichen Kampfes

Und doch erscheint es möglich, daß wir auf einer noch höheren Ebene mit einer noch unheilvolleren Ansammlung dämonischer Macht zu kämpfen haben, nämlich mit der von geistlichen Mächten, die über ganze Territorien herrschen. Im Epheserbrief schreibt Paulus: »Wir haben nicht gegen Menschen aus Fleisch und Blut zu kämpfen, sondern gegen die Fürsten und Gewalten, gegen die bösen Geister des himmlischen Bereichs« (Eph 6,12).

Diese Schriftstelle gibt keinen direkten Hinweis darauf, daß eine oder mehrere der oben angeführten Kategorien zwingend auf die Beschreibung von Geistern zutrifft, die ganze Territorien unter ihrer Herrschaft halten. Aber viele Christen sind mit mir zusammen der Auffassung, daß die Wahrscheinlichkeit dafür sehr groß ist. Ob dem so ist, sei vorerst dahingestellt. Ich werde mich mit dieser Frage in diesem Buch noch näher befassen. Ganz unzweifelhaft findet sich aber in Offenbarung 12 ein eindeutiger, biblischer Bericht über einen solchen strategischen Kampf. Dort wird uns berichtet: »Da entbrannte im Himmel ein Kampf; Michael und seine Engel erhoben sich, um mit dem Drachen zu kämpfen. Der Drache und seine Engel kämpften« (Offb 12,7). Hier wird etwas geschildert, was sich grundsätzlich vom Umgang mit dem Okkulten oder der Austreibung eines Dämons unterscheidet.

Zweifelsohne waren die beiden Romane von Frank E. Peretti, *Die Finsternis dieser Welt* und *Licht in der Finsternis*[2], der wichtigste Faktor, der unter amerikanischen Christen das große Interesse an der Thematik der strategischen geistlichen Kampfführung entflammen ließ. Eine große Anzahl Christen, die früher kaum einen Gedanken daran verschwendet haben, diskutieren nun plötzlich offen über die Möglichkeit, daß Ereignisse, die die menschliche Gesellschaft erschüttern, mit den Kämpfen zwischen übernatürlichen Wesen zu tun haben könnten. Dies geht sogar so weit, daß sie entgegen besseren Wissen *Die Finsternis dieser Welt* als Tatsachenbericht lesen, anstatt das Buch als das zu verstehen, was es ist: ein Roman.

Der Schwerpunkt dieses Buches

Mein Buch konzentriert sich auf die dritte Ebene der geistlichen Kampfführung, die Ebene des strategischen Kampfes, die ich »Kampfgebet« nennen möchte. Ich will damit nicht sagen, daß diese Ebene strategischer geistlicher Kampfführung eindeutig von den beiden oben angesprochenen Ebenen getrennt werden kann. Wie die Leser von *Die Finsternis dieser Welt* bereits wissen, hängen die drei Ebenen eng miteinander zusammen, und das, was sich auf der einen Ebene abspielt, kann und wird auf die beiden anderen Ebenen Einfluß nehmen. Höchstwahrscheinlich werde ich die Linien zwischen den drei Ebenen immer wieder überschreiten, aber der Schwerpunkt wird auf strategischer Fürbitte liegen, die manche Christen auch als »kosmische Fürbitte« bezeichnen.

Ich glaube nicht, daß wir geistliche Kampfführung als Selbstzweck verstehen sollten. Die Ansicht, daß Jesus kam, um die Werke des Teufels zu zerstören (1 Joh 3,8), ist richtig, aber geistliche Kampfführung war nur ein Mittel, um ein ganz konkretes Ziel zu erreichen: zu suchen und zu retten, was verloren war (Lk 19,10). Jesus wollte Menschen in die Gemeinschaft mit dem Vater zurückbringen, und er war sogar bereit, dafür am Kreuz zu sterben. Sein Augenmerk war auf Menschen gerichtet, und der Teufel war für ihn lediglich ein Hindernis, wenn auch das schrecklichste, das sich der Rettung von Menschen in den Weg stellte. Ich glaube, daß das Herz Gottes die Welt so sehr liebt, daß er seinen einzigen, geliebten Sohn gab. Warum? Damit alle, die an ihn glauben, nicht verloren werden, sondern das ewige Leben haben (Joh 3,16).

Für Gott hat Evangelisation allerhöchste Priorität. Das bedeutet, ein Volk herauszurufen, damit es seinen Namen ehrt und verherrlicht. Und das ist auch meine höchste Priorität. Ich habe über 35 Jahre in den Bereichen »Mission«, »Evangelisation« und »Gemeindewachstum« gedient. Wenn ich Gott noch weitere zehn Jahre dienen darf, dann will ich, daß sich die Anzahl der weltweit geretteten Seelen bedeutend erhöht. Mein Interesse am geistlichen Kampf wächst proportional damit, wie sehr er zu einer Effektivitätssteigerung von Evangelisation beiträgt.

Argentinien

Die Herrscher über Adrogué werden vertrieben

Adrogué ist ein Vorort von Buenos Aires, in dem hauptsächlich Menschen aus der gehobenen Mittelschicht wohnen und in dem kaum fruchtbare Evangelisation stattgefunden hatte. Viele hatten es schon versucht, aber noch keiner war dabei erfolgreich gewesen. Die meisten protestantischen Gemeinden, die in Adrogué gegründet wurden, hatten es schwer und mußten irgendwann ihre Türen wieder schließen. Es war ein Friedhof für Gemeindegründer. Einer der wenigen Überlebenden war eine Baptistengemeinde, die nach siebzigjährigem Versuch, Adrogué zu evangelisieren, lediglich 70 Mitglieder zählte. Noch beunruhigender war die Tatsache, daß praktisch keines der 70 Mitglieder wirklich aus Adrogué kam, und es konnte sich auch niemand daran erinnern, daß sich je ein Bewohner aus Adrogué bekehrt hätte.

1974 nahm Pastor Eduardo Lorenzo eine Berufung nach Adrogué an. Er war ein dynamischer Leiter, der die Prinzipien des Gemeindewachstums anwandte. In den 13 Jahren bis 1987 wuchs die Zahl der Gemeindemitglieder von 70 auf 250. Aber immer noch lebten die wenigsten Mitglieder in Adrogué.

1987 begann eine Wachstumswelle. Als ich die Gemeinde 1990 besuchte, hatte sie die 600er Grenze überschritten und ein neues Gebäude gebaut, das 2000 Besuchern Platz bot. Bis Mitte 1991 war die Gemeinde auf über 1000 Mitglieder gewachsen. Eduardo Lorenzo sagte mir: »Wenn wir bis 1993 nicht über 2000 Mitglieder haben, dann kann es nur daran liegen, daß wir es nicht versucht haben!«

Was geschah 1987? Wie konnte aus mittelmäßiger Evangelisation erfolgreiche Evangelisation werden?

Die Antwort ist darin zu finden, daß an der Front in Adrogué geistliche Kampfführung eingesetzt wurde. Aber diese Veränderung geschah weder schnell noch problemlos. Wie viele von uns war Eduardo Lorenzo in keiner Form von geistlicher Kampfführung ausgebildet worden. Manche seiner Professoren hielten die Frage, wie man mit Dämonen umzugehen habe, für ein Thema, das vielleicht Pfingstler interessiert, nicht aber solide Baptisten, wie er es war. Da Lorenzo aus diesem Hintergrund kam, benötigte er mehrere Jahre, um die Wurzel seiner evangelistischen Schwierigkeiten in Adrogué zu verstehen.

Begegnung mit einem Dämon

Alles nahm in den frühen 80er Jahren seinen Anfang, als Lorenzo plötzlich Auge in Auge mit einer dämonisierten Frau konfrontiert wurde. Obwohl er sich unfähig fühlte, es auch nur zu versuchen, verwies er den Dämon im Namen Jesus. Dieser wich, und die Frau war befreit! Durch dieses Ereignis wurde Lorenzo zwar noch nicht in einen regelmäßigen Befreiungsdienst geworfen, aber sein Interesse war entbrannt. Zu dieser Zeit reiste eines seiner Gemeindeglieder in die Vereinigten Staaten, lernte dabei einige Dinge über geistliche Kampfführung und berichtete der Gemeinde davon. Daraufhin veranstaltete Lorenzo zwei Seminare über geistlichen Kampf. Das eine wurde von Edward Murphy von »Overseas Crusade« geleitet, das andere von John White, einem bekannten christlichen Psychiater und Autor aus Kanada. Der Prozeß, eine Gemeinde wieder auszurüsten, hatte begonnen.

Kurz darauf begann der Kampf ernst zu werden. Der Feind versuchte in die Gemeinde einzudringen. Es wurde entdeckt, daß eine Frau, die vorgab, sich zu Christus bekehrt zu haben, noch unverändert ein Träger für die dämonischen Kräfte über Adrogué war. In den Gottesdiensten begannen sich Dämonen öffentlich zu manifestieren. Satan setzte zum Gegenangriff an und versuchte die Gläubigen in Angst und Schrecken zu versetzen. Eduardo Lorenzo sagt: »Es hätte Satan gefreut, wenn er die kleine

Baptistengemeinde weiterhin auf ihrem Karussell im Kreis hätte herumfahren lassen können. Er hatte die Menschen in Adrogué gegenüber dem Evangelium erfolgreich verblendet. Im Lauf der Jahre waren mehrere Gemeinden zerstört worden. Jetzt befanden wir uns selbst unter Frontalangriff.«

Im Lauf eines langen Prozesses identifizierten Lorenzo und seine Leiter schließlich den dämonischen Hauptfürsten über Adrogué. Sie entdeckten sogar den Namen dieses territorialen Geistes. Da sie spürten, daß der Zeitpunkt für den entscheidenden Kampf gekommen war, stellten sie ein Team aus 35 bis 40 Gemeindegliedern zusammen, die sich bereit erklären, mit ihnen zusammen von Montag bis Freitag zu beten und zu fasten. Am Freitag abend versammelten sich 200 Gläubige, fast die ganze Gemeinde, um planmäßig Fürbitte zu tun. Sie beanspruchten die Herrschaft über die dämonischen Fürsten der Stadt und die niedrigrangigeren dämonischen Streitkräfte.

Um 23.45 Uhr an jenem Abend spürten alle zusammen, daß irgend etwas im geistlichen Raum gebrochen war. Sie wußten, daß die Schlacht vorüber war. Der böse Geist war gewichen, und die Gemeinde begann zu wachsen. In einer relativ kurzen Zeit verdreifachte sich die Zahl der Mitglieder. Das Erstaunliche ist, daß jetzt 40 Prozent der Gemeindeglieder aus Adrogué selbst kommen.

1987 war das Jahr, in dem der Sieg errungen wurde!

Argentiniens Niedergang

Das, was 1987 in Adrogué geschah, wäre wahrscheinlich 1977, zehn Jahre zuvor, nicht geschehen. Argentinien hatte zusammen mit einigen anderen Staaten, wie Uruguay und Venezuela, nicht das schnelle Wachstum von protestantischen und evangelikalen Gemeinden erlebt, das für den gesamten lateinamerikanischen Kontinent so charakteristisch war. Argentinien war überall für die Gleichgültigkeit und den Widerstand bekannt, den die Menschen gegenüber dem Evangelium an den Tag legten. Mit Ausnahme der Evangelisationen von Tommy Hicks, die in den 50er Jahren außerordentliche Auswirkungen hatten, waren die Gemeinden kaum gewachsen.

Als Argentinien 1982 im Krieg gegen Großbritannien erfolglos versuchte, die Falklandinseln (bzw. die Malvinen, wie sie von den Argentiniern genannt werden) zu besetzen, trat eine dramatische Wende ein. Der Sieg der Briten war die Ursache, daß sich das Selbstbewußtsein der Argentinier radikal veränderte. Bis zu diesem Zeitpunkt hatten sie sich international den nicht gerade beneidenswerten Ruf erworben, das stolzeste Volk Lateinamerikas zu sein. Aber durch diese Niederlage wurde ihr Nationalstolz erschüttert. Viele Argentinier wurden bitter. Die Kirche hatte versagt, das Militär hatte versagt, und der Peronismus hatte sie ebenfalls im Stich gelassen.

Sie waren bereit, etwas Neues auszuprobieren!

In Wirklichkeit war die Grundlage des argentinischen Stolzes schon vor 1982 ins Wanken geraten. Als Argentinien in früheren Zeiten noch weltweit die zehntgrößte Industrienation war und sich eines Lebensstandards brüstete, der über dem Südeuropas lag, wurde es zu Recht das »Juwel Südamerikas« genannt. Juan Domingo Perón genoß in den 50er und 60er Jahren als Argentiniens Staatsoberhaupt fast durchweg höchstes Ansehen. Aber als sein Einfluß in den frühen 70er Jahren zu schwinden begann, tat sich Perón mit einem mächtigen Okkultisten, José López Rega, zusammen, der im Volksmund unter dem Namen *el brujo* (der Hexenmeister) bekannt war. López Rega hatte unter Perón das Amt des Sozialministers inne. Nach Peróns Tod wurde er für die Dauer der nun folgenden zweijährigen Präsidentschaft der persönliche Berater von dessen dritter Frau Isabel Perón. Ihm gelang es, für die Hexerei ein öffentliches Monument zu errichten (es ist mittlerweile wieder abgerissen worden), und viele berichten, daß er die Nation öffentlich verflucht habe, als er 1976 durch den Militärputsch seine Macht verlor.

Die Fürsten und Mächte über Argentinien hatten ganz offensichtlich eine Parade. Ihr Auftrag ist zu stehlen, zu töten und zu zerstören, und sie haben dies und vieles mehr einem der schönsten Länder der Welt angetan.

Hauptsächlich von brasilianischer Seite her, begann der Spiritismus das Land zu überfluten. Unter der Militärdiktatur »verschwanden« tausende – manche sprechen sogar von zehntausenden – politisch Verdächtiger für immer. Erst kürzlich wurden viele ihrer Leichen in abgelegenen Massengräbern entdeckt. Nachdem Argentinien einmal die zehntgrößte Wirtschaftsmacht der Erde war, wird dem Land heute von manchen Experten der zehntletzte Platz auf der Weltrangliste der Industrienationen zugewiesen.

Kein Wunder, daß diese Nation jetzt für das Evangelium bereit ist! Es wird wieder wahr, daß in einem solchen geistlichen Vakuum und bei solchen sozialen Mißständen viele Menschen fast jede Änderung der Zustände als eine Veränderung zum Besseren betrachten. Aber der Einfluß der Hexerei nimmt weiter zu. Fast in jedem Schaufenster und in jedem Häuserblock werden okkulte Gegenstände zum Verkauf angeboten. Sekten wie die der Mormonen erleben enorme Wachstum. Ein riesiger, verzierter Mormonentempel ist während der ganzen Autobahnfahrt vom Flughafen in Ezeiza nach Buenos Aires, nicht zu übersehen. Das *Somos*-Magazin berichtet, daß Carlos Menem, der zum Zeitpunkt, da ich dieses Buch schreibe, gerade argentinischer Präsident ist, sich regelmäßig mit seiner »persönlichen Hexe« Ilda Evelia beratschlagt und deren Dienste nunmehr schon seit 28 Jahren in Anspruch nimmt. Das Magazin zitiert ebenfalls einen hohen Parlamentssprecher, der gesagt hat: »Tatsache ist, daß die Mehrheit von uns Hexen konsultiert, und das tun wir sehr häufig.«

Geistliche Lebenskraft

Während noch der Großteil der Nation unter der Gewalt der Herrscher der Finsternis gequält wird, bricht in Argentinien das Licht des Evangeliums Christi in noch nie dagewesener Stärke hervor. Gott stellt eine Kompanie von erstklassigen argentinischen Leitern auf, die er gebraucht, »um ihnen [den Argentiniern] die Augen zu öffnen. Denn sie sollen sich von der Finsternis zum Licht und von der Macht des Satans zu Gott bekehren und sollen durch den Glauben an mich die Vergebung der Sünden empfangen und mit den Geheiligten am Erbe teilhaben« (Apg 26,18).

Bis vor kurzem war J. Philip Hogan bei den *»Assemblies of God«* Abteilungsleiter der Auslandsmission. Er weiß so gut wie kein anderer, was Gott zur Zeit weltweit tut. Seine Reisen in alle Welt haben ihn im Lauf der Jahre oft nach Argentinien geführt. Aber er kann über das, was er heute in Argentinien sieht, nur noch staunen. Hogan sagt: »Argentinien befindet sich in den Geburtswehen einer absolut souveränen und in der Geschichte des Landes noch nie dagewesenen Erweckung. Ich kenne Gemeinden, in denen man die Stühle aus dem Gottesdienstraum entfernt hat, damit mehr Leute hineinpassen.«[3]

Edgardo Silvoso von der Organisation *»Harvest Evangelism«* ist einer der führenden Leute der neuen christlichen Bewegung in Argentinien. Er sagte 1987: »Die Gemeinde ist in Argentinien in den letzten vier Jahren stärker gewachsen als in den vergangenen einhundert Jahren.«[4]

Silvosos »vier Jahre« beziehen sich auf das Jahr 1984, in dem der Evangelist Carlos Annacondia seine erste evangelistische Großveranstaltung in der Stadt La Plata durchführte. Viele Beobachter sehen in diesem Ereignis den Beginn der Ausgießung der geistlichen Lebenskraft, die Argentinien seitdem erfährt.

Carlos Annacondia

Zu der Zeit, zu der Carlos Annacondia von Gott in den Dienst der Evangelisation gerufen wurde, war er ein hingegebener Christ und besaß in Quilmes, einem Vorort in den Außenbezirken von Buenos Aires, eine gutgehende Fabrik, in der er Schrauben und Schraubenmuttern herstellte. Es war wohl kein Zufall, daß die Briten 1982 im Verlauf des Falklandkrieges exakt an dem Tag das argentinische Schlachtschiff »General Belgrano« versenkten, an dem er seine erste evangelistische Großveranstaltung abhielt. Carlos war damals 37 Jahre alt und Vater von acht Kindern.

Nachdem ich den Dienst von Carlos Annacondia sowohl aus der Ferne als auch aus nächster Nähe beobachtet habe, wage ich es, die folgende Hypothese aufzustellen. Wohl wissend, daß es noch andere evangelistische »Größen« vom Schlage eines Reinhard Bonnkes oder Billy Grahams geben mag, halte ich es für gut möglich, daß Carlos Annacondia mit seinen Großveranstaltungen der effektivste Evangelist ist, der je gelebt hat. Sein Dienst scheint mir mehr als bei allen anderen Evangelisten, die ich bisher kennengelernt habe, ein Instrument zu sein, das die Wachstumsrate der beteiligten Gemeinden in die Höhe schnellen läßt.

Als ich vor kurzem Argentinien besuchte, arbeitete ich in vier Städten mit Pastoren zusammen. Ohne daß ich von meiner Seite irgendwelche Fragen gestellt hatte, berichteten mir christliche Leiter in allen vier Städten in größter Selbstverständlichkeit über die Trends in ihrer Stadt »vor Annacondia« und »nach Annacondia«. In all den zwanzig Jahren, in denen ich die Wirkung evangelistischer Großveranstaltungen in Städten untersuche, habe ich noch nie derart übereinstimmende Zeugnisse über den Dienst eines Evangelisten gehört. Pastor Alberto Scataglini, der Hauptgastgeber von Annacondias historischer Großveranstaltung in La Plata, sagt: »Er überträgt seinen Dienst. Es ist nicht nur eine Person; wo immer er auch hingeht, scheint er seine Salbung auf andere Leute zu übertragen. Und darin unterscheidet er sich ganz gewaltig von jedem anderen Evangelisten, der vor ihm hier war. Vor ihm kam ein Evangelist, und nachdem dieser gegangen war, war auch die Erweckung vorbei; die Vollmacht war weg.«[5]

Was macht Carlos Annacondia, was andere Evangelisten, die auch Großveranstaltungen durchführen, normalerweise nicht tun?

Ich glaube, daß es das Kampfgebet ist – und genau darum geht es in diesem Buch!

Kampfgebet

Mein Freund Edgardo Silvoso sagt, daß Annacondia und die anderen bekannten argentinischen Evangelisten »in ihre evangelistische Arbeit eine neue Betonung der geistlichen Kampfführung aufgenommen haben – damit ist die Kampfansage an die geistlichen Fürsten und Mächte sowie die Verkündigung des Evangeliums nicht nur an die Menschen, sondern auch an die geistlichen Kerkermeister gemeint, die die Menschen gefangenhalten«. Das Gebet ist dabei nach Silvoso der Hauptfaktor. »Bevor die Evangelisten das Evangelium in den Städten verkündigen, beginnen sie, für die

Stadt zu beten. Sie beginnen erst dann mit dem Predigen, nachdem sie spüren, daß die geistlichen Mächte über der Region gebunden sind.«[6]

Einer der wohl ausgeklügeltsten und massivsten Befreiungsdienste, die es überhaupt gibt, ist fester Bestandteil von Annacondias Großveranstaltungen. Unter der Leitung von Pablo Bottari, einem weisen, reifen und mit Gaben reich ausgestatteten Diener Gottes, werden in den 30 bis 50 aufeinanderfolgenden Abenden einer solchen Großveranstaltung jeweils buchstäblich tausende Menschen von Dämonen befreit. Das 45 Meter große Zelt, in dem die Befreiungsdienste stattfinden, ist jeden Abend von 20.00 Uhr bis um 4.00 Uhr früh in Betrieb. Annacondia nennt es die »geistliche Intensivstation«. Viele Teams, die von Bottari im Befreiungsdienst ausgebildet worden sind, stellen sich dem eigentlichen Dienst an den Menschen.

Ich habe noch nie einen Evangelisten erlebt, der auf der Bühne den bösen Geistern auch nur annähernd so aggressiv entgegentritt wie Annacondia. Im Grunde genommen stichelt er die Geister durch seine langandauernde, laute und überaus energische Kampfansage so lange, bis sie sich auf die eine oder andere Weise manifestieren und zu erkennen geben. Das, was sich während seiner Großveranstaltungen auf den Plätzen abspielt, erscheint dem Uneingeweihten als Chaos in Reinkultur. Aber für die geübten und erfahrenen Mitglieder, die zu den 31 Teams gehören, mit denen Annacondia seine Großveranstaltungen durchführt, ist es nur ein weiterer Abend, an dem an der Front Kampfgebet durchgeführt wird, durch das die Macht Jesu Christi über die dämonischen Mächte für alle sichtbar wird.

Und die Macht ist unglaublich. Es geschehen viele Heilungen, die nur als Wunder interpretiert werden können. Es geschehen zum Beispiel so viele zahnmedizinische Wunder – Zahnlöcher füllen sich, neue Zähne wachsen nach und kaputte Brücken werden durch ganze Zähne ersetzt –, daß nur noch diejenigen auf der Bühne von ihrer Heilung Zeugnis geben dürfen, bei denen sich mehr als zwei Zahnlöcher wieder geschlossen haben. Es wird von einem Zwergwüchsigen berichtet, der um 38 Zentimeter gewachsen ist. Man weiß von etlichen Spaziergängern, die nichtsahnend an der Versammlung vorbeiliefen und unter der Kraft des Heiligen Geistes zu Boden fielen. In der Stadt Santiago del Estero wollte ein Priester mit einer religiösen Prozession durch die Menschenmenge ziehen, um auf diese Weise die Großveranstaltung zu bekämpfen. Die vier kräftigen Männer, welche die Lieblingsmarienstatue des Priesters trugen, brachen in dem Augenblick, in dem sie auf dem Platz ankamen, unter der Kraft des Heiligen Geistes zusammen und die Statue zerbrach in tausend Stücke. Zwei von den Männern verbrachten die Nacht in einem Krankenhaus – die beiden anderen in Annacondias Befreiungsdienstzelt!

Das ist Kampfgebet in Aktion. Geistgeleitetes Gebet macht den Weg frei, damit sich das Reich Gottes mit der Fülle seines Segens manifestieren kann. Heilungen und Befreiungen geschehen, Menschen werden gerettet, erleben Heilung, werden mit Erbarmen für die Armen und Unterdrückten erfüllt und mit den Früchten des Geistes beschenkt. Und vor allem wird Gott verherrlicht, angebetet und gepriesen.

Die wahre Kampflinie

Ich habe schon erwähnt, daß ich Kampfgebet nicht als Selbstzweck betrachte. Ich bin ein recht pragmatischer Mensch, dem solche Theorien am besten gefallen, wenn sie auch tatsächlich funktionieren. Ich bin hauptsächlich an jener Art Kampfgebet interessiert, das – wie bei dem Dienst von Carlos Annacondia – dabei hilft, mit größtmöglicher Frucht zu evangelisieren. Meine Frau Doris und ich hatten das Glück, einem Experiment beiwohnen zu dürfen, in dem die Wirkung geistlicher Kampfführung auf die Evangelisierung der argentinischen Stadt Resistencia getestet werden sollte.

Edgardo Silvoso ist ein hochkarätiger Evangelisationsstratege. Gott berief ihn schon vor Jahren dazu, in seinem Geburtsland Argentinien als Evangelist zu dienen. Er begann unzufrieden zu werden, als er sich einige Zeit danach die Frage stellte, ob die Früchte seines Dienstes, die Entscheidungen für Christus, denn auch wirklich bleibende Früchte waren. Silvoso hatte das Ergebnis einer Untersuchung gelesen, die herausgefunden hatte, daß sich bei einer durchschnittlichen Großevangelisation nur zwischen 3 und 16 Prozent der Neubekehrten einer der an der Großevangelisation beteiligten Gemeinden anschließen, und daß nach der Großveranstaltung nur ganz wenige Gemeinden – wenn überhaupt – steigende Wachstumsraten verzeichnen können. Damals überfiel ihn die Vorahnung, daß die Bibel hierzu Umfassenderes lehrt.

Edgardo Silvoso studierte Gemeindewachstum am Fuller Seminary und entwickelte in dieser Zeit eine völlig neue Strategie, um ganze Städte zu evangelisieren. Er nannte diese neue Strategie »Plan Rosario«, weil er sie in der argentinischen Stadt Rosario ausprobieren wollte. Er tat sich mit seinem Schwager Luis Palau zusammen und führte 1976 das Experiment durch. Anstatt der normalen 3 bis 16 Prozent schlossen sich 47 Prozent der Neubekehrten einer Gemeinde an. Dies ist nicht der Ort, um die Details seiner evangelistischen Strategie zu besprechen. Aber so viel soll gesagt werden, daß seine wesentlichen Neuerungen damit zu tun hatten, daß sich seine Ziele nicht so sehr auf »Entscheidungen« konzentrierten, sondern auf die Integration in die Gemeinde und die Gründung neuer Gemeinden.[7] Zwei Jahre später wiederholten Silvoso und Palau das Experiment in Uruguay und konnten eine Eingliederungsrate von 54 Prozent feststellen.

Dann zog sich Edgardo Silvoso eine seltene, sehr schwere Krankheit zu. Die Ärzte gaben ihm noch höchstens zwei Jahre zu leben. Dies geschah exakt zu dem Zeitpunkt, zu dem er seine heutige Organisation »Harvest Evangelism« gründete, die sowohl in Buenos Aires als auch im kalifornischen San José Büros hat. Gott stellte ihm Fürbitter zur Seite, und er wurde durch ein Wunder geheilt. Alle diese Umstände brachten Ed und seine Frau Ruth in eine noch engere Beziehung mit Gott als je zuvor und lenkte ihre Aufmerksamkeit auf ein für Evangelisation bislang viel zu wenig genutztes Instrument: geistliche Kampfführung!

Der Sturz von Merigildo

Silvoso zog für dieses Experiment einen Kreis mit ca. 160 km Durchmesser um seine Heimatstadt San Nicolás, in welcher er sein Harvest Evangelism-Trainingszentrum aufgebaut hatte. Er fand heraus, daß es innerhalb dieses Kreises 109 Städte und Dörfer ohne evangelikale Gemeinde gab. Die Nachforschungen ergaben ebenfalls, daß ein mächtiger Hexenmeister, Merigildo, sich übernatürlicher, okkulter Macht bediente, um das Evangelium von dieser Region fernzuhalten. Daraufhin versammelte Silvoso christliche Leiter aus verschiedenen lebendigen Gemeinden, um dieser Situation mit gemeinsamem, ernsthaftem Kampfgebet zu begegnen. Im Namen Jesu beanspruchten und übernahmen sie die Herrschaft über dieses Gebiet. Silvoso sagte: »Wir gaben den Jüngern des Merigildo und den Fürsten der Dunkelheit einen mit dem Blut Jesu versiegelten Auswanderungsbefehl.« Sie spürten, daß die Macht gebrochen war, und erst vor kurzem hat mir Silvoso einen Bericht geschickt, in dem geschrieben steht, daß nun in jeder dieser 109 Städte eine evangelikale Gemeinde ist.

Nachdem Silvoso diese Erfahrung gemacht hatte, wurde seine Aufmerksamkeit auf die Stadt Resistencia gelenkt, die in der nordargentinischen Provinz Chaco liegt. Aus unerfindlichen Gründen schien die in so vielen Teilen von Argentinien herrschende Erweckung an Resistencia vorbeigegangen zu sein. Resistencia kommt aus dem Spanischen und bedeutet »Widerstand«. Obwohl der Name eigentlich militärische Bedeutung hat, zeigte sich, daß die Stadt auch geistlich Widerstand leistete. Zu Beginn des Jahres 1990 waren weniger als 6000 der über 400 000 Bewohner einer evangelikalen Gemeinde angeschlossen. Das sind gerade 1,5 Prozent.

1989 begann Silvoso mit einem auf drei Jahre hin angelegten »Plan Resistencia«, der auf eine meßbare Evangelisierung der Stadt gerichtet war. In diesem Plan wandte er nicht nur den neusten Stand der Gemeindewachstumstechniken an, sondern brachte besonders das zum Einsatz, was er über geistlichen Kampf gelernt hatte. Silvoso erkannte, daß es über der evangelikalen Gemeinde von Resistencia zwei dämonische Hauptmächte gab. Das eine war ein Geist der Uneinigkeit, das andere war ein Geist der Apathie gegenüber den Verlorenen. Er ließ Mitglieder seines Harvest Evangelism-Teams nach Resistencia ziehen und arbeitete über ein Jahr daran, durch Gebet, geistliche Kampfführung und Leiterschaftstraining ein Fundament zu legen.

Im April 1990 hatte sich das Blatt gewendet. Unter fast allen Pastoren war Einheit gewachsen, und sie waren mit dem Plan Resistencia einverstanden. Die Christen hatten damit begonnen, von ihrem Glauben Zeugnis abzulegen und von ihren Nachbarn als »Noch-nicht-Gläubige« zu reden. Durch die Macht Gottes waren Uneinigkeit und Apathie besiegt worden.

Im April lud Ed Silvoso meine Frau Doris und mich nach Resistencia ein, um Leiter in Gemeindeaufbauprinzipien zu schulen. In der Zeit, in der ich damit beschäftigt war, versuchte Doris sich ein Bild von der geistlichen Situation über der Stadt zu machen. Ihre Entdeckungen versetzten sie in Unruhe. Ihr wurde klar, daß die Gläubigen nur äußerst dürftige Kenntnisse über strategische geistliche Kampfführung und über Kampfgebet besaßen, und sie wußte, daß solange sich dies nicht ändern würde, die Chancen, einschneidende evangelistische Resultate zu erzielen, nur sehr gering waren. Und sie spürte, daß Gott dies geändert haben wollte.

Experten werden um Hilfe gebeten

Doris und Ed Silvoso stimmten dem Vorschlag zu, einen der führenden Experten auf dem Gebiet des Kampfgebets, unsere gute Bekannte Cindy Jacobs von *»Generals of Intercession«* (Strategen der Fürbitte), einzuladen. 1990 reiste Cindy zusammen mit Doris noch drei weitere Male nach Argentinien. Mir stellte sich dabei die Frage, ob beabsichtigte und geplante geistliche Kampfführung bei der Evangelisierung Resistencias wirklich einen meßbaren Unterschied bewirken könnte.

Im Juni hielt Cindy zuerst in Buenos Aires und danach in Resistencia vor mehreren hundert Pastoren, Fürbittern und anderen christlichen Leitern zwei Seminare über Kampfgebet. Marfa Cabrera, die zusammen mit ihrem Mann Omar zu den Vorreitern der argentinischen Erweckung gehört, verstärkte als Übersetzerin Cindys Team. Die Ergebnisse übertrafen alle Erwartungen. Die argentinischen Leiter wollten nicht nur alles über strategische Fürbitte wissen – nein, sie wollten sehen, daß dies auch wirklich passiert, und sie wollten es selber tun. Sofort!

Weil Cindy spürte, daß Gott ihr grünes Licht gab, lud sie diejenigen, die einen besonderen Ruf von Gott spürten und ihr Leben in Ordnung hatten, ein, sich am nächsten Morgen in der Stadt zu versammeln. Eine 80köpfige Gruppe traf sich und ging gemeinsam auf den in der Mitte von Buenos Aires gelegenen Plaza de Mayo und kämpfte dort fünf Stunden lang einen erbitterten Kampf gegen die bösen Geister des himmlischen Bereichs. Eduardo Lorenzo, Pastor der Baptistengemeinde in Adrogué und gleichzeitig Vorstandsmitglied von Harvest Evangelism in Argentinien, leitete die kleine Armee von Fürbittern.

Unter anderem spürten sie, daß in dem Sozialministerium, in dem Peróns bekannter Hexenmeister José López Rega sein Büro hatte, ein Geist der Hexerei und ein Geist des Todes war. Cindy hatte den Eindruck, daß es notwendig war, zuerst all den bösen Mächten, die nationalen Einfluß und Macht besaßen, das Kommen des Reiches Gottes bekanntzumachen und erst danach nach Resistencia zu gehen.

Als sie den Marktplatz verließen, hatte die Gruppe den Eindruck, daß sie einen Sieg errungen hatte. Damit ist nicht gemeint, daß sie die Fürsten und Gewalten unschädlich gemacht hatten, sondern daß der böse Einfluß, den die Mächte auf Argentinien ausübten, als Folge des Kampfgebetes abzunehmen begann.

Als Cindy, Doris, Marfa, Eduardo und die anderen wieder nach Resistencia zurückgekehrt waren, fanden sie heraus, daß den Bewohnern schon seit Generationen die Namen der Geister bekannt waren, die über der Stadt herrschten. Der Mächtigste unter ihnen war wohl San La Muerte, der Geist des Todes. Viele Bewohner von Resistencia waren San La Muerte so sehr ergeben, daß sie sich kleine Knochenbilder ihres Götzen hatten unter die Haut oder Brustwarzen operieren lassen. Das taten sie, weil sie dem falschen Versprechen dieses Götzen Glauben geschenkt hatten, daß er ihnen dafür einen »guten Tod« gewähren würde. Das Ausmaß an Leere und Verzweiflung, das die Stadt ergriffen hatte, ist kaum vorstellbar.

Pombero, Curupí und die Königin des Himmels waren weitere, fast gleichrangig mächtige Geister. Pombero war ein Geist der Uneinigkeit, der besonders Kinder während der Siesta- und Nachtzeit in Angst und Schrecken versetzte. Curupí war ein Geist der sexuellen Perversion und des Inzestes, der durch ein lächerlich langes männliches Geschlechtsorgan dargestellt wurde. Die Königin des Himmels war ein religiöser Geist, der den wahren Charakter der traditionellen Gemeinden pervertiert hatte. Dann war da noch der Geist der Freimaurerei. Dieser Geist ist eine hervorragend getarnte Form okkulter Macht. Ihre gesamten Aktivitäten wurden jedoch ganz offensichtlich von einem Fürsten der Hexerei und der Weissagung koordiniert, der durch eine Schlange dargestellt wurde.

Überraschenderweise waren sowohl die Geister als auch ihre Aktivitäten auf mehreren Wandgemälden dargestellt, welche die Bewohner vergangener Generationen auf dem Marktplatz der Stadt angebracht hatten. Nachdem Cindy für die Pastoren und Fürbitter ein eintägiges Seminar über Kampfgebet gehalten hatte, spürte das Harvest Evangelism-Team zusammen mit anderen, daß Gott ihnen den Ruf gab, hinauszugehen und auf dem Marktplatz den Kampf an der Front zu führen. Nachdem das siebzigköpfige Team zusammen gebetet, Buße getan und die Sünden bekannt hatte, die von den bösen Fürsten und Mächten repräsentiert wurden, griffen sie die Mächte in einem fünfstündigen geistlichen Kampf an. Als dieser Kampf vorbei war, begannen sie Gott mit lauter Stimme zu loben und freuten sich über den Sieg.

Bleibende Früchte

Was geschah danach?

Wie geplant, wurde der Harvest Evangelism-Plan für Resistencia im August und Oktober in der ganzen Stadt mit evangelistischen Veranstaltungen fortgesetzt. Cindy und Doris flogen noch zwei weitere Male nach Resistencia. Edgardo Silvoso berichtet von Resistencia, daß seit dem April, in dem die Gruppe auf dem Marktplatz gebetet hat, die Wachstumskurven der Gemeinden einen deutlichen Knick nach oben gemacht hätten. Bei einer öffentlichen Taufe wurden einmal 250 Menschen in transportablen Schwimmbecken getauft. Nächtelang kamen bis zu 17 000 Menschen auf einem freien Feld zusammen, wo im Rahmen von evangelistischen Großveranstaltungen Objekte, die in okkulten Ritualen und für Hexerei benutzt worden waren, in einem Faß mit über 200 Liter Fassungsvermögen verbrannt wurden. Es wird berichtet, daß sich der Bürgermeister von Resistencia bekehrt habe und daß Hunderte körperlich geheilt und von Dämonen befreit worden seien. Außerdem sind mittlerweile mindestens 18 neue Gemeinden gegründet worden.

Am bezeichnendsten ist aber die Tatsache, daß sich im Verlauf des Jahres 1990 die evangelikale Bevölkerung in Resistencia nahezu verdoppelt hat. Solche und ähnliche Berichte weisen darauf hin, daß das Kampfgebet ohne Zweifel direkte Auswirkungen auf die Ergebnisse evangelistischer Aktivitäten hat.

Das tragische Schicksal der Hohepriesterin des San La Muerte-Kultes war vielleicht ein Zeichen für die Schwächung der territorialen Geister über Resistencia. Zwei Wochen bevor im Oktober die massiven evangelistischen Vorstöße begannen, ging ihr Bett in Flammen auf. Aus unerfindlichen Gründen schienen die Flammen wählerisch gewesen zu sein. Sie verschlangen lediglich die Matratze, die Frau und ihre San La Muerte-Statue.

San La Muerte, der Todesgeist, hielt sein Versprechen, seinen Nachfolgern einen guten Tod zu gewähren – auf eine Art, wie man sie von dem Vater der Lügen nicht anders erwarten kann!

Kapitel 2

Der wahre Kampf ist geistlicher Natur

Die Form von Kampfgebet, die ich in diesem Buch beschreibe, ist für die meisten Christen ein völlig neues Konzept, und viele beginnen sich jetzt schon zu fragen, ob sie dieses Konzept auf dem Hintergrund ihrer Traditionen und dem, was sie bisher gelernt haben, in ihren Dienst integrieren können. Sogar argentinische Pastoren haben an der einen oder anderen theologischen und praktischen Frage schwer zu kämpfen.

Die erste Lektion ist die schwerste

Meine Gespräche mit Pastor Alberto Prokopchuk von der Los Olivos Baptist Church im argentinischen La Plata haben mir deswegen so viel Freude bereitet, weil ich mich mit jedem Wort, das er mir erzählte, gut identifizieren konnte. Im Verlauf seiner traditionellen baptistischen Ausbildung zum Pastor hatte er nie etwas über geistliche Kampfführung gelehrt bekommen, und sein Dienst in der Los Olivos-Baptistengemeinde unterschied sich nicht wesentlich von dem, was in jeder typischen amerikanischen Gemeinde getan wird. Es gab gute, gesunde Bibellehre, der moralische Standard war relativ hoch, die Gaben des Geistes wurden in einem gewissen Maß ausgeübt, die Gemeindemitglieder beteten, gaben ihren Zehnten, kamen zu den Gottesdiensten und gaben ihren Nachbarn Zeugnis, sobald sich eine Möglichkeit dafür ergab.

Aber kein Wachstum!

Unter der Leitung von Alberto war die Los Olivos-Gemeinde schon seit Jahren nicht über 30 Mitglieder gewachsen.

Dann kam Carlos Annacondia nach La Plata. Alberto und die Los Olivos-Gemeinde gehörten zum Trägerkreis dieser Großveranstaltung. Nacht für Nacht beobachteten sie Carlos Annacondia und lernten dadurch mehr und mehr über Kampfgebet, und die Ergebnisse beeindruckten sie tief. So etwas hatte La Plata noch nie erlebt. Tausende von Menschen wurden geheilt und von Dämonen befreit. Aber damit nicht genug. Über 50 000 Menschen bekehrten sich und entschieden sich öffentlich, Christus nachzufolgen.

Nun, es war *eine* Sache, Annacondia und seinem Team zuzuschauen. Aber richtig spannend wurde es, als es darum ging, diese Art von Dienst auch in einer traditionellen Baptistengemeinde zu tun. Weil die Baptisten immer schon etwas von Evangelisation verstanden, kamen die Laienleiter von Los Olivos auf Pastor Alberto zu und schlugen ihm vor: »Laß uns doch in unserer eigenen Gemeinde eine Evangelisation veranstalten.«

Darauf war Alberto nicht vorbereitet gewesen. »Ich habe nicht die Gabe der Evangelisation«, sagte er. »Können wir nicht einen Evangelisten einladen?«

»Nein«, antworteten ihm seine Leiter. »Aber wir machen dir einen Vorschlag. Du predigst auf der Evangelisation, und wir beten, daß Gott dir die Gabe der Evangelisation schenkt.«

Wahrscheinlich hatte Alberto in diesem Moment nicht gerade seine beste Stunde. Auf jeden Fall ging er auf ihren Vorschlag ein. Daraufhin organisierten sie die Evangelisation und veranstalteten den ersten Gottesdienst. Alberto predigte eine evangelistische Botschaft und machte einen Bekehrungsaufruf. Niemand rührte sich.

Als er immer mehr mit quälenden Gedanken über seinen offensichtlichen Mangel an Vollmacht zu kämpfen hatte, spürte Alberto, wie eine innere Stimme zu ihm sagte: »Versuche es doch einmal auf die Weise, wie es Annacondia getan hat!« In seiner Verzweiflung wußte er keinen anderen Ausweg, setzte alles auf eine Karte und probierte es einfach aus. Er sprach ein energisches Kampfgebet und wies die Geister scharf zurück – genau wie er es immer wieder bei Carlos Annacondia gesehen hatte. Und nachdem er mit der Autorität, die Jesus ihm gegeben hatte, die Geister gebunden hatte, machte er zum zweiten Mal einen Bekehrungsaufruf. Dieses Mal sprangen über 15 Leute von ihren Plätzen auf und gingen – nein, eigentlich rannten sie mehr nach vorne, um Christus als ihren Herrn und Erlöser anzunehmen.

Seitdem ist die Los Olivos-Gemeinde von früher 30 auf nunmehr über 900 Mitglieder angewachsen. Aber damit nicht genug! Prokopchuk hat in den anderen Stadtteilen Tochtergemeinden gegründet, die weitere 2100 Mitglieder umfassen. Er hat sich für seine Gemeinde und deren Netz von Tochtergemeinden das Ziel gesteckt, bis zum Jahr 2000 die Zahl von insgesamt 20 000 Mitgliedern zu erreichen. Ich muß wohl nicht besonders erwähnen, daß es Alberto seither immer »wie Annacondia getan hat«.

Der eigentliche Kampf

Alberto Prokopchuk mußte auf seine Weise lernen, daß der geistliche Kampf, zumindest was wirksame Evangelisation angeht, der entscheidende Kampf ist. Er lernte es auf seine Art, wir werden es auf unsere Art lernen.

Gott hat die Gemeindewachstumsbewegung, die ich vertrete, gesegnet und dazu gebraucht, sowohl auf Gemeindeebene als auch weltweit, grundlegende Veränderungen anzuregen. Die Bewegung wurde 1955 ins Leben gerufen und hat unter der Inspiration ihres Gründers Donald McGavran die ersten 25 oder sogar mehr Jahre daran gearbeitet, die bis dahin noch völlig unbekannten technischen Aspekte des Gemeindewachstums und der Evangelisation zu entwickeln, die auf breiter Ebene Zustimmung gefunden haben. Um das Jahr 1980 kündigte sich eine neue Entwicklung an, und ein paar von uns begannen zu erforschen, wie die geistlichen Dimensionen des Gemeindewachstums aussehen könnten. Damit will ich aber auf keinen Fall sagen, daß die bisherigen Vorgehensweisen nun als schlecht betrachtet werden oder daß das Geistliche die organisatorischen Aspekte vollends ersetzen wird. Nein. Die technologischen Aspekte des Gemeindeaufbaus waren für Gemeinden und Missionen eine außerordentlich große Hilfe, und wir werden auch in Zukunft mit aller Energie daran arbeiten, diese zu verbessern und den neuen Anforderungen anzupassen. Aber wir haben in der Zwischenzeit entdeckt, daß die gesamten, weltweit angewandten Evangelisationstechniken nur minimale Resultate hervorbringen werden, solange nicht die geistliche Schlacht gewonnen wird. Die Sache verhält sich wie bei einem nagelneuen Auto, das mit modernster Technik ausgestattet wurde. So schön es auch dastehen mag und ganz gleich wie hervorragend es konstruiert ist – solange man kein Benzin in den Tank gefüllt hat, wird es sich nicht vom Fleck bewegen lassen. Für geistliche Vollmacht bei Evangelisation und Gemeindeaufbau gilt das gleiche.

Um Ihnen diesen Sachverhalt zu illustrieren, möchte ich sie bitten, mit mir zusammen einen kurzen Blick auf die 80er Jahre in Amerika zu werfen. In diesem Jahrzehnt sind die größten Gemeinden aus dem Boden geschossen, die unsere Nation je gesehen hat. Fast jede Großstadt hat zwischenzeitlich eine oder sogar mehrere »Metagemeinden« – ein Begriff, den man zehn Jahre davor noch gar nicht kannte. Das Angebot an Gemeindewachstumsseminaren und evangelistischen Hilfsmitteln hat sich vervielfacht. Die Anzahl an christlichen Schulen ist ebenso gewachsen wie der Einsatz von Massenmedien. Oberflächlich betrachtet hätte man sagen können, daß das Christentum in Amerika große Fortschritte gemacht hätte. Aber die Statistiken sprechen eine andere Sprache. Am Ende des Jahrzehnts befindet sich der Gottesdienstbesuch auf dem gleichen Niveau wie zu Beginn des Jahrzehnts, und die Zahl der protestantischen Gemeindemitglieder hat sogar abgenommen.

Ich glaube, daß Gott für die kommenden Jahre will, daß wir unsere Aufgabe, die Nation zu evangelisieren, besser erfüllen. Und meiner Meinung nach werden wir das nur in dem Maß tun können, wie wir begreifen, daß der eigentliche Kampf geistlicher Natur ist.

Die Schlacht kennenlernen

Um 1980 begann Gott in mir den Eindruck zu verstärken, daß ich mich auf die geistlichen Dimensionen des Gemeindewachstums konzentrieren sollte. Durch meine enge Freundschaft mit John Wimber, der damals noch von vielen »Mister Signs and Wonders« genannt wurde, wußte ich, daß vollmächtige Evangelisation auf meiner Tagesordnung allerhöchste Priorität einnehmen würde. Ich glaubte auch zu spüren, daß Gebet die zweithöchste Priorität einnehmen würde, obwohl ich gerne zugebe, daß ich zu jener Zeit noch keine Ahnung davon hatte, in welchem Zusammenhang Gebet mit Evangelisation stehen könnte.

Die Forschungsergebnisse, die ich bezüglich Zeichen und Wundern gewonnen hatte, habe ich in meinem Buch »*Der gesunde Aufbruch*« festgehalten. Schon ein Jahr zuvor, 1987, begann ich mich ernsthaft in das Thema Gebet einzuarbeiten und darüber zu lehren. Aber die eigentliche Schlacht lernte ich erst auf dem großen Lausanner Kongreß über Weltevangelisation kennen.

Bis dahin wußte ich noch nicht sehr viel. Aber ich hatte begonnen, zumindest zwei Dinge zu erkennen: (1) daß man besser evangelisiert, wenn die Evangelisation durch ernsthaftes Gebet begleitet wird; und (2) daß Gott im gesamten Leib Christi bestimmte Menschen begabt, berufen und gesalbt hat, die im Dienst der Fürbitte eine außergewöhnliche Vollmacht besaßen.

Da ich zu den Mitgliedern des internationalen Lausanner Komitees gehörte, das den zweiten Weltkongreß für Evangelisation in Manila veranstaltete, war ich in einer Position, in der ich diese neuen Erkenntnisse in den Lausanne-II-Kongreß einbringen konnte. Als ich darüber betete, wie ich denn den Bereich Fürbitte mit Evangelisation in Zusammenhang bringen könnte, gab mir Gott den Gedanken, ich solle versuchen, 30 bis 50 dieser »be-gabten« Weltklassefürbitter ausfindig zu machen, sie zu bitten, auf eigene Kosten nach Manila zu kommen, um dadurch den Auswahlprozeß für Teilnehmer zu umgehen, sich im Philippine Plaza Hotel einzuquartieren, das gegenüber dem Kongreßzentrum lag, in dem der Kongreß stattfinden sollte und dort für die Dauer des Kongresses gemeinsam 24 Stunden, rund um die Uhr, zu beten. Die Leiter des Lausanner

Kongresses fanden die Idee gut, und so beauftragte ich Ben Jennings von Campus für Christus, das alles zu organisieren und zu leiten. Bob leistete hervorragende Arbeit, und 50 dieser Personen kamen, was unsere höchsten Erwartungen übertraf.

Um uns zu zeigen, was die für Weltevangelisation eigentlich wichtigen Fragen waren, gab uns Gott durch dieses Manila-Fürbitteteam das, was ich gerne eine »lebendige Parabel« nenne. Aber bevor ich näher darauf eingehe, muß noch ein weiterer wichtiger Faktor erläutert werden.

Die dreifache Schnur

Im Frühjahr 1989 lernte ich eine weitere geistliche Dimension kennen, die mit Evangelisation zu tun hat – persönliche Prophetie. Ich kann an dieser Stelle nicht näher darauf eingehen, auf welche Art Menschen wie John Wimber, Cindy Jacobs und Paul Cain mir geholfen haben, diesen neuen Bereich zu verstehen. Aber soviel soll gesagt sein, daß ich zu Beginn doch etwas skeptisch war, aber nun zu der biblischen Überzeugung gekommen bin, daß Prophetie in unserer Zeit ein gültiger und bedeutsamer Dienst ist.

Irgendwann zu Beginn jenes Sommers erwähnte John Wimber einmal ganz beiläufig, daß Dick Mills anrufen und mir eine Prophetie für mich weitergeben wollte, und daß ich dieser Prophetie große Beachtung beimessen sollte. Zu meiner Verlegenheit hatte ich von Dick Mills noch nie etwas gehört, aber John Wimber beschrieb ihn mir als einen der anerkanntesten Propheten Amerikas, der schon eine sehr lange Liste von eingetroffenen und überprüften Prophetien vorweisen konnte. Cindy Jacobs, die Dick Mills kannte, erzählte mir dann, daß es für Dick Mills untypisch sei, Fremde telefonisch zu kontakten. Zufälligerweise war Cindy Jacobs gerade mein Gast, als Dick Mills bei mir zu Hause anrief.

Hier ist nicht der Platz, um die Prophetie im Detail zu beschreiben, aber der Teil, der mit dem Gebetsteam in Manila zu tun hatte, war eine prophetische Übertragung von Kohelet 4,12 auf meinen Dienst. Dort heißt es: »Eine dreifache Schnur reißt nicht so schnell.« Dick sagte mir, daß er spüre, daß Gott mich als Katalysator berufen habe, der ihm dabei behilflich sein solle, drei Schnüre zusammenzubringen, welche er gerne zusammenweben wolle, um in den kommenden Jahren seine Absichten zu erfüllen. Die drei Schnüre seien die konservativen Evangelikalen, die Charismatiker und die an Christus gläubigen Liberalen in Amerika.

Lausanne II spielte bei dem Versuch, die ersten beiden Schnüre zusammenzubringen, eine bedeutende Rolle. Während die Charismatiker und Pfingstler 1974 auf dem Lausanne-I-Kongreß nur sehr spärlich vertreten waren, waren sie 15 Jahre später auf dem Lausanne-II-Kongreß sehr zahlreich. Manche Stimmen sagten sogar, daß man aufgrund der Anzahl der während der Plenumsveranstaltung erhobenen Hände auf eine charismatische Mehrheit hätte schließen können.

Sei dies wie es wolle. Auf jeden Fall stellte sich heraus, daß ungefähr die Hälfte des Fürbitteteams in Manila aus konservativen Evangelikalen und die andere Hälfte aus Pfingstlern und Charismatikern bestand. Später fand ich heraus, daß die unterschiedlichsten Gedanken durch die Köpfe der Fürbitter gegangen waren, denn es war das erste Mal, daß Vertreter aus diesen beiden Gruppen auf so hoher Ebene zusammengewürfelt worden waren. Die Charismatiker dachten sich: »Ich frage mich ernsthaft, ob diese Evangelikalen wirklich wissen, wie man betet und mit Gott in Berührung kommt.« Und den Evangelikalen ging folgender Gedanke nicht aus dem Kopf: »Ich frage mich, ob diese Charismatiker wieder anfangen werden zu schreien und sich auf dem Boden zu wälzen.«

Aber zur Freude der Besorgten stellte sich heraus, daß es keine sichtbaren Unterschiede mehr gab, sobald sie mit dem gemeinsamen Gebet begonnen hatten. In dem Moment, als sie gemeinsam den Thronsaal Gottes betreten hatten, stellten sie fest, daß beide Gruppen nicht nur dieselben Dinge sagten, sondern daß sie auch dieselben Dinge hörten, woraufhin die Evangelikalen die Charismatiker ermutigten und diese ermutigten wiederum die Evangelikalen. Zwei Schnüre die Gott gehörten, waren zusammengekommen.

Eine lebendige Parabel

Für mich gehörte der erste Abend, an dem sich das Lausanne-II-Fürbitteteam in dem Gebetsraum des Philippine Plaza Hotel traf, zu den dramatischsten sichtbaren Zeichen, die ich jemals von Gott gesehen habe. Es war Montag abend, und am nächsten Morgen sollte der Kongreß eröffnet werden. Und an jenem Vorabend der bis dahin größten internationalen Versammlung zum Thema Evangelisation, ließ Gott zu, daß sich vor unseren Augen eine lebendige Parabel abspielte, die uns ein für allemal deutlich machen sollte, daß der eigentliche Kampf bei der Evangelisation geistlicher Natur ist.

Die 50 Fürbitter saßen in einem weiten Kreis in dem großen Hotelzimmer. Sie waren aus der ganzen Welt angereist. Die größte Anzahl von Fürbittern kam jedoch aus Nordamerika. Zehn Fürbitter waren Filippinos und Filippinas. Obwohl meine Frau Doris und ich keine Fürbitter sind, waren wir trotzdem zu den verschiedenen Veranstaltungen eingeladen worden, die in dem Gebetsraum stattfinden sollten.

Natürlich war der erste Punkt auf der Tagesordnung, daß sich jeder und auch wir uns selbst vorstellen sollten. Nachdem sich etwas mehr als die Hälfte des Kreises vorgestellt hatte, stellte sich eine Filippina namens Juana Francisco, eine Frau Ende der fünfziger Jahre, vor und erzählte von ihrem Fürbittedienst, den sie schon seit Jahren ausübte. Als zwei oder drei Minuten später sich bereits der nächste vorstellte, hatte Juana einen, wie wir später erfuhren, schweren Asthmaanfall. Sie begann zu schreien, alle Farbe wich aus ihrem Gesicht und sie rang laut nach Luft. Panik ging durch den Raum.

Zwei Männer stützten Juana unter ihren Armen, aber eigentlich schleppten sie sie mehr durch die Tür in den Hotelkorridor. Rechts, schräg gegenüber lag das Zimmer von Bill und Vonette Bright von Campus für Christus, und irgendwie gelang es ihnen, sie auf Bills Bett zu legen. Zum Glück war eine der philippinischen Fürbitterinnen eine ausgebildete Medizinerin. Diese ging zu Juana, um sich um sie zu kümmern. In dem beruhigenden Wissen, daß sie medizinisch betreut wurde, beteten zwei der Fürbitter um ihre Heilung, während wir mit der Vorstellungsrunde fortfuhren.

Wir waren damit schon fast zum Ende gekommen, als jemand mit den Worten die Türe aufriß: »Wer hat ein Auto dabei? Das ist ein Notfall! Wir müssen sie so schnell wie möglich ins nächste Krankenhaus bringen! Die Ärztin sagt, daß sie stirbt!«

In diesem Augenblick schossen zwei Frauen aus ihren Stühlen und rannten durch die zweite Tür in den Hotelkorridor. Die beiden Frauen hatten sich zuvor nicht gut gekannt. Die eine Frau war Mary Lance Sisk. Sie ist eine Presbyterianerin aus Charlotte in North Carolina, die als Evangelikale bekannt ist und Leighton Ford, dem Präsidenten der Lausanner Bewegung, schon seit Jahren als ihn unterstützende Fürbitterin dient. Die andere Frau war Cindy Jacobs, die ich bereits erwähnt habe. Cindy ist eine unabhängige Charismatikerin.

Der Voodoo-Geist

Sobald sie den Korridor erreicht hatten, nahmen die beiden Frauen Blickkontakt auf und wußten in diesem Moment im Geist, daß Gott ihnen beiden die gleiche Botschaft gegeben hatte. Gott hatte beiden gesagt, daß Juana Franciscos Attacke auf den Angriff durch einen Voodoo-Geist zurückzuführen war. Ein philippinischer Voodoo war gegen die Gruppe ausgerufen worden, und Gott hatte ebenso, wie er dem Feind Zugang zu Ijob gewährte, seinen Schutz so weit zurückgezogen, daß dieser quälende Geist die Fürbitterin erreichen konnte. Innerhalb von Sekunden nahmen sich Mary Lance und Cindy an den Händen, machten sich eins mit dem Geist Gottes, beteten ein Kampfgebet und brachen die Macht des Dämons im Namen Jesu.

Währenddessen hatte der nichtsahnende Bill Bright den Fahrstuhl verlassen und war auf sein Zimmer gegangen, in dem eine unbekannte philippinische Frau in einer lebensgefährlichen Situation lag und um Luft rang. Seine Reflexhandlung als Christ war, der Frau seine Hände aufzulegen und um Heilung zu beten. Dies geschah exakt in dem Augenblick, in dem Mary Lance und Cindy den Fluch brachen. Juana Francisco öffnete ihre Augen, begann wieder normal zu atmen – und der Asthmaanfall war vorbei!

Mittlerweile standen auch Doris und ich auf dem Korridor. Bill Bright kam aus seinem Zimmer, ging auf uns zu und sagte mit nicht gerade wenig Emotionen in seiner Stimme: »Wir haben viel Macht! Wir sollten sie öfter gebrauchen!«

Was will uns Gott zeigen?

Gott verfolgt mit Gleichnissen – in diesem Fall handelt es sich um ein lebendiges Gleichnis – die Absicht, seinem Volk eine wichtige Lektion beizubringen. Wenn ich den Vorfall analysiere, dann scheint mir die Auslegung auf der Hand zu liegen. Gott wollte den 4500 eingeladenen Leitern, die aus fast 200 Nationen zusammengekommen waren, um eine Strategie zu entwickeln, wie man die drei Milliarden Menschen, die Jesus Christus bisher noch nicht als Herrn und Erlöser kennengelernt haben, evangelisieren kann, das eigentliche Wesen ihrer Aufgabe klarmachen. In dem Gleichnis kann ich drei Hauptlektionen erkennen:

1. *In der Weltevangelisation geht es um Leben und Tod.* Vom medizinischen Standpunkt aus gesehen war Juana Francisco am Rande des Todes. Vom geistlichen Standpunkt aus befinden sich über 3 Milliarden Menschen am Rande eines noch viel schrecklicheren Todes – auf sie lauert der ewige Tod in der Hölle. Wenn Juana Francisco gestorben wäre, dann wäre sie in den Himmel gekommen. Damit meine ich, daß die evangelistische Krise für das Volk Gottes ein viel ernsthafteres Problem darstellt als dieser kurze Vorfall im Philippine Plaza Hotel. Denn wenn Nichtgläubige sterben, dann kommen sie nicht in den Himmel.
2. *Der Schlüssel zur Weltevangelisation besteht darin, daß wir Gott hören und dann auch tun, was wir gehört haben.* Gott gab sowohl Mary Lance Sisk als auch Cindy Jacobs eine unmittelbare Offenbarung. Als erfahrene Fürbitterinnen hatten sie Ähnliches schon oft erlebt und waren deswegen nicht sonderlich überrascht, und die Tatsache, daß sie beide zur gleichen Zeit dieselbe Botschaft empfangen hatten, bestätigte beiden zusätzlich, daß sie sich nicht verhört hatten.

Aber beide wußten auch ganz genau, daß damit, daß man Gott hört, nur der erste Schritt getan ist. Der zweite Schritt bestand darin, den Mut aufzubringen, das Gehörte auch in die Tat umzusetzen – ganz gleich, was es auch ist. Beide wußten, daß Gott den Fluch gebrochen haben wollte. Aus diesem Grund schritten sie zur Tat und machten wiederum etwas, was sie zuvor schon sehr oft getan hatten. Sie beanspruchten im Namen Jesu die Vollmacht, die ihnen zustand, und sind beide noch heute davon überzeugt, daß die Schlacht in diesem Moment gewonnen worden war.

3. *Gott wird den gesamten Leib Christi gebrauchen, um die Aufgabe der Weltevangelisation zu erfüllen.* Die Evangelikalen werden die Welt nicht ohne die Hilfe der anderen evangelisieren, und auch Charismatiker werden die Welt nicht allein evangelisieren, denn ohne Jesus geht für niemanden etwas. Es war Gottes Absicht, daß sich eine Evangelikale und eine Charismatikerin in jener Hotelhalle trafen, um dort gemeinsam den geistlichen Kampf zu führen. Und um dem Ganzen noch eine Krone aufzusetzen, wies er Bill Bright, einem der bekanntesten evangelikalen Mitglieder der Lausanner Bewegung, die Aufgabe zu, das Heilungsgebet zu sprechen und Gott dabei zuzuschauen, wie er Juana Francisco von ihrem Krankenbett aufstehen ließ.

Territoriale Geister

Bevor Lausanne II in Manila stattfand, gab es sogar unter Charismatikern und Pfingstlern – von den Evangelikalen ganz zu schweigen – nur sehr selten irgendwelche Diskussionen über die Frage, wie territoriale Geister auf die Weltevangelisation Einfluß nehmen könnten. Aber obwohl das Leitungskomitee dieses Thema nicht in das Hauptprogramm miteinbezogen hatte, handelten doch fünf der Workshops über Themen wie »territoriale Mächte« und »strategische geistliche Fürbitte«. Die Redner waren Omar Cabrera und Edgardo Silvoso aus Argentinien, Rita Cabezas aus Costa Rica, Tom White und ich. Das Interesse an diesen Workshops übertraf unsere Erwartungen, und bevor wir Manila verließen, wurde in mir der Eindruck immer stärker, daß Gott mich dazu berufen hatte, auf diesem Gebiet weitere Forschungsarbeit zu treiben.

Und es war John Robb von World Vision, der das Zusammenkommen einer ausgewählten Gruppe von Amerikanern in die Wege leitete, die auf dem Gebiet strategischer geistlicher Kampfführung schon einiges an Wissen und Erfahrung gesammelt hatte. Ich wurde nur wegen seiner Verhinderung zum Koordinator dieses Treffens. Larry Lea, Gary Clark, John Dawson, Cindy Jacobs, Dick Bernal, Edgardo Silvoso, Mary Lance Sisk, Gwen Shaw, Frank Hammond, Bobbie Jean Merck, Jack Hayford, Joy

Dawson, Beth Alves, Ed Murphy, Tom White und Charles Kraft sind nur einige der Teilnehmer, die an dem ersten Treffen in Pasadena, Kalifornien, teilnahmen, das am 12. Februar 1990 stattfand. Bobbye Byerly leitete eine Fürbittgruppe, die während des gesamten Treffens in einem Nebenraum betete.

Diese Gruppe gab sich den Namen »Das Netzwerk Geistliche Kampfführung« mit dem Untertitel: »Eine Gruppe, die sich nach Lausanne II / Manila trifft, um strategischen geistlichen Kampf zu führen.« Kein einziges Mitglied des Netzwerks Geistlicher Kampf betrachtet sich als besonders erfahren. Es sind sich nur alle darüber einig, daß der eigentliche Kampf bei der Weltevangelisation geistlicher Natur ist, und daß wir in dem Maß, in dem wir mehr darüber lernen, in der Lage sein werden, den Missionsauftrag Jesu zu erfüllen, alle Nationen zu Jüngern zu machen.

Manche sind uns in diesem Punkt schon weit voraus. John Dawsons hervorragendes Buch *Taking our Cities for God* (Unsere Städte für Gott einnehmen) ist das erste analytische Handbuch über Kampfgebet. In Dick Bernals Büchern wie *Storming Hell's Brazen Gates* (Der Hölle Pforten dreist stürmen) und *Come Down Dark Prince* (Fall nieder, dunkler Herrscher) wird geschildert, wie heutzutage Kampfgebet in der Praxis angewandt wird. In meinem Buch *Territorial Spirits* (Territoriale Geister) habe ich Artikel zusammengefaßt, die 19 christliche Leiter wie Tom White, Dick Bernal, Larry Lea, Jack Hayford, John Dawson und Edgardo Silvoso – alles Mitglieder des Netzwerkes Geistliche Kampfführung – sowie Michael Green, Paul Yonggi Cho, Timothy Warner, Oscar Cullmann und andere, über das Thema Kampfgebet geschrieben haben. Cindy Jacobs' Buch *Die Tore des Feindes besitzen*[1] ist eine Anleitung, wie man in der Praxis Fürbitte tun kann. Das wichtige Konzept, eine »geistliche Landkarte« zu erstellen (siehe dazu Kapitel 8), wird in George Otis Buch *Der letzte Gigant*[2] vorgestellt.

Geistliche Vollmacht in der Evangelisation

Nicht jeder, der sich aufmacht um zu evangelisieren, ist dabei gleich erfolgreich. Und weil man an dieser Tatsache nichts ändern kann, sehe ich es als meine Aufgabe, herauszufinden, wer am wirksamsten evangelisiert, und was diese Menschen tun, was andere nicht tun. Ich habe nun seit über zwanzig Jahren das Wachstum und das Nichtwachstum von Gemeinden studiert, und dabei habe ich auf einige Fragen Antworten gefunden.

Man kommt nicht an der Tatsache vorbei, daß Gemeindewachstum ein sehr komplexes Thema ist. Es gibt institutionelle Faktoren, die eine Gemeinde ändern kann – wenn sie will. Dann gibt es kontextuelle Faktoren, damit sind die soziologischen Bedingungen gemeint, an denen eine

Gemeinde nichts ändern kann. Und drittens gibt es die spirituellen Faktoren, die uns auf die Hand unseres Gottes verweisen. Wenn man nun das Wachstum oder das Schrumpfen von Gemeinden analysieren will, dann treten alle drei Arten von Faktoren auf den Plan.

Aber wenn man sich die gesamte Problematik auf weltweiter Ebene vor Augen hält, dann gewinnt man den Eindruck, daß die institutionellen und kontextuellen Faktoren keinen so entscheidenden Stellenwert wie die spirituellen Faktoren besitzen. Dies wird dann besonders deutlich, wenn man das Wachstum betrachtet, das Pfingst- und charismatische Gemeinden in den vergangenen 40 bis 50 Jahren erfahren haben. Es ist richtig, daß es auch nichtcharismatische Gemeinden gibt, die ein drastisches Wachstum vorweisen konnten, und es ist auch richtig, daß längst nicht alle Gemeinden und Denominationen charismatischer Prägung gewachsen sind. Und trotzdem kommt man nicht an der Tatsache vorbei, daß die Gemeinden, die sich ganz ausdrücklich von ihrer geistlichen Vollmacht abhängig gemacht haben – und das sind namentlich die charismatischen und pfingstlichen Gemeinden – weltweit das beeindruckendste Gemeindewachstum der vergangenen Jahrzehnte vorweisen konnten.

Die Wurzeln der pfingstlich-charismatischen Bewegung reichen bis zum Beginn unseres Jahrhunderts zurück, aber ihr enormes Wachstum setzte erst nach dem Zweiten Weltkrieg ein. Im Jahre 1945 zählte die Bewegung weltweit ungefähr 16 Millionen Anhänger. Bis zum Jahr 1965 war diese Zahl auf 50 Millionen, bis 1985 auf 247 Millionen und bis 1991 auf unglaubliche 391 Millionen Anhänger gewachsen.

Die Assemblies of God werden zu den pfingstlichen Denominationen gerechnet. Ihre Mitgliederzahl ist im Zeitraum von 1965 bis 1985 von 1,6 Millionen auf 13,2 Millionen gestiegen. Ganz abgesehen davon, daß die Assemblies of God eine noch relativ junge Denomination sind, sind sie in mehr als 30 Nationen entweder die zahlenmäßig größte oder zweitgrößte Denomination. In einer Stadt, in São Paulo, Brasilien, haben die Assemblies of God über 2400 Gemeinden. Die unabhängigen charismatischen Gemeinden sind die in den USA am schnellsten wachsende Bewegung. Mit nur wenigen Ausnahmen ist die größte Metagemeinde fast jeder amerikanischen Metropole entweder eine Pfingst- oder eine charismatische Gemeinde. Und alle sechs Gemeinden auf der Welt, deren Gottesdienste 1990 sonntäglich von mehr als 50 000 Menschen besucht wurden, gehören ausnahmslos zur pfingstlich-charismatischen Bewegung.

Obwohl ich nun kein professioneller Historiker bin, besitze ich dennoch den Mut, folgende Hypothese aufzustellen. *Ich möchte behaupten, daß es in der gesamten Menschheitsgeschichte noch keine andere unmilitärische, unpolitische, freiwillige Bewegung gegeben hat, deren Wachstum sich mit dem Wachstum der pfingstlich-charismatischen Bewegung der vergangenen 25 Jahre vergleichen kann.*

Angesichts der oben genannten Zahlen scheint es nur vernünftig zu sein, daß diejenigen unter uns, die wie ich aus einem traditionell-evangelikalen Hintergrund kommen, gut daran tun, wenn sie offen dafür sind, von unseren pfingstlich-charismatischen Brüdern und Schwestern zu lernen. Meiner Meinung nach gehört ihr größeres Verständnis dafür, daß der eigentliche Kampf geistlicher Natur ist, zu den wichtigsten Lektionen, die wir von ihnen lernen können. Zeichen und Wunder, Befreiung von dämonischen Mächten, wunderhafte Heilungen, anhaltender, begeisternder Lobpreis, Prophetien und Kampfgebet zählen viele aus ihren Reihen zu den selbstverständlichen Begleiterscheinungen des Christentums.

Die Tatsache, daß ein Resultat der Manifestation dieser geistlichen Macht darin besteht, daß große Menschenmengen zu Jesus Christus gebracht werden, spricht für sich. Um zu erkennen, daß die Frucht unserer evangelistischen Bemühungen in hohem Maß vom Ausgang der Schlachten abhängt, die in den himmlischen Bereichen geführt werden, müssen wir nur einen genauen Blick auf das werfen, was Gott heute in der Welt tut.

Auch die Schrift deutet darauf hin, daß das Kampfgebet zu unseren Hauptwaffen gehört, wenn es darum geht, den Feind anzugreifen.

Kapitel 3

Jesus in der Offensive

Wenn man davon ausgeht, daß Jesus erst zum Zeitpunkt seiner Taufe öffentlich zu wirken begann, dann fing er seinen Dienst mit dem höchsten Grad an strategischer geistlicher Kampfführung an, der möglich war. »Dann wurde Jesus vom Geist in die Wüste geführt; dort sollte er vom Teufel in Versuchung geführt werden« (Mt 4,1).

Im gesamten Alten Testament ist keine Stelle zu finden, in der von einem auch nur annähernd damit vergleichbaren Tun berichtet wird. Indem Jesus den Feind auf höchster Ebene zum Kampf herausforderte, machte er ihm und der ganzen Welt die Tatsache bekannt, daß die Schlacht nun eröffnet war. Das Reich Gottes war gekommen!

Das Reich Gottes ist da

In den Predigten von Johannes dem Täufer, von Jesus und den Aposteln spielte die Botschaft, daß das Reich Gottes gekommen ist, eine herausragende Rolle. Der Grund dafür, daß wir den Satz »Kehrt um! Denn das Reich Gottes ist nahe« in den Evangelien so häufig lesen, ist darin zu suchen, daß mit diesem kurzen Satz der radikalste Wendepunkt in der Geschichte der Menschheit seit Adam und Eva angekündigt wird. Dieser Wendepunkt schloß die Menschwerdung Jesu, seine jungfräuliche Geburt, Taufe, Tod und Auferstehung mit ein. Pfingsten begannen sich dann die Auswirkungen dieses historischen Wendepunktes in der weiteren Menschheitsgeschichte zu konkretisieren.

Dieses Ereignis war deswegen so einschneidend, weil Satan bis zu diesem Zeitpunkt auf der Erde fast uneingeschränkte Macht genoß. Damit soll aber keinesfalls die Tatsache außer acht gelassen werden, daß Gott der König aller Könige, der Herr aller Herren und der Schöpfer des gesamten Universums ist – und auch über den Satan Macht hat. Satan ist ein gewöhnliches Geschöpf, das zu einem bestimmten Zeitpunkt nicht existiert hat und das schließlich in einen Feuersee geworfen werden und sich nichts sehnlicher wünschen wird, als nie geschaffen worden zu sein (Offb 20,10). In der dazwischenliegenden Zeit dürfen die biblischen Beschreibungen Satans jedoch keinesfalls auf die leichte Schulter genommen werden. Er wird »Gott dieser Weltzeit« (2 Kor 4,4), »Mächtiger, der im Bereich der Lüfte herrscht« (Eph 2,2) und »Herrscher dieser Welt« (Joh 12,31) genannt. Johannes behauptet, daß »die ganze Welt unter der Macht des Bösen steht« (1 Joh 5,19). Das sind deutliche Worte.

Wenn wir denken, daß Satan heutzutage ungeheure Macht besitzt, dann müssen wir uns immer vor Augen halten, daß er noch viel mehr Macht besaß, bevor Jesus kam, das Reich Gottes ausrief und dem Feind einen Krieg erklärte, der noch bis heute andauert. Satan war sich gänzlich darüber bewußt, daß »der Sohn Gottes erschienen ist, um die Werke des Teufels zu zerstören« (1 Joh 3,8), und er war wütend, weil jemand sein Reich angriff. Aber Jesus drang nicht nur in Satans Reich ein, sondern er fügte ihm, wie Paulus so deutlich im Brief an die Kolosser schreibt, am Kreuz eine alles entscheidende Niederlage zu, als er »die Fürsten und Gewalten entwaffnet und öffentlich zur Schau gestellt hat; durch Christus hat er über sie triumphiert« (Kol 2,14–15).

Bevor Jesus ans Kreuz ging, konnte er sagen, daß obwohl es im Alten Testament keinen Menschen gegeben hatte, der größer war als Johannes der Täufer, »der Kleinste im Himmelreich größer ist als er« (Mt 11,11). Und er konnte den endgültigen Sieg schon etwa drei Jahre, bevor er dann tatsächlich am Kreuz errungen wurde, bekanntgeben, weil der Teufel eigentlich schon bei dem Aufeinanderprall der beiden Mächte besiegt worden war, den wir normalerweise die Versuchung Jesu nennen.

Jesus fordert den Kampf heraus

Jesus ging nach seiner Taufe nicht einfach seiner Wege und erlaubte Satan, den Zeitpunkt und Ort des Angriffs zu bestimmen. Weit gefehlt. Jesus ergriff die Initiative und ging sofort nach seiner Taufe in die Offensive. Er wußte, daß er, noch bevor er in der Synagoge von Nazareth seinen Auftrag bekanntgab, bevor er die zwölf Jünger berief, bevor er die Bergpredigt predigte und bevor er die 5000 speiste oder Lazarus von den Toten auferweckte, einen ganz entscheidenden, strategischen geistlichen Kampf kämpfen mußte.

Der Ort, den Jesus dafür auswählte, ist bezeichnend. Er ging in die »Wüste«, die als das Hoheitsgebiet Satans galt. Im »*Dictionary of New Testament Theology*« (Theologisches Wörterbuch zum Neuen Testament) steht, daß mit »*eremos*«, das ist das griechische Wort für Wildnis oder Wüste, ein »lebensgefährlicher Ort ... und Wohnort dämonischer Mächte« bezeichnet wird, und daß es »nur da, wo das Gericht Gottes stattgefunden hat, Sieg über die Wüste und der darin befindlichen dämonischen Mächte geben kann.«[1] Wenn Jesu Aufeinandertreffen mit dem Teufel entscheidend sein sollte, dann sollte man diesem, um mit einem Begriff aus dem Sport zu sprechen, »Heimvorteil« geben. Furchtlos und ohne zu zögern betrat Jesus das Territorium Satans.

Satan wußte genau, wieviel auf dem Spiel stand, und er spielte seinen höchsten Trumpf aus. Er ging sogar so weit, daß er Jesus seinen kostbarsten Besitz anbot, »alle Reiche der Welt mit ihrer Pracht« (Mt 4,8). Es war eine entscheidende Schlacht, und sie wurde mit aller Härte geführt, aber es stand nie in Frage, wer am Ende der Sieger sein würde. Satans Macht war noch nie mit der Macht Gottes vergleichbar gewesen – und wird es auch nie sein. Jesus gewann die Schlacht. Satan war besiegt. Dieser Zusammenprall der Mächte ebnete Jesus geistlich den Weg für all das, was er, einschließlich seines Todes und Auferstehung, in den nächsten drei Jahren vollbringen würde.

Gilt das auch für uns?

Nach dem, was ich soeben gesagt habe, mag der ein oder andere der Meinung sein, daß es schon möglich sei, daß Jesus einen derartigen Kampf zwischen den beiden Mächten begonnen hatte, daß ihm dies aber nur möglich war, weil er Gott, die zweite Person der Trinität war. Und er wird weiterhin anführen, daß wir mit dieser Art von geistlichem Kampf nichts zu schaffen haben, weil niemand von uns Gott gleich sei.

Diese Meinung wirft eine so entscheidend wichtige Frage auf, daß ich kurz einen theologischen Exkurs machen möchte, um zu erörtern, in welcher Beziehung die zwei Naturen stehen, die das Wesen Christi ausmachen. Lassen Sie mich aber schon zu Beginn meine Überzeugung zum Ausdruck bringen, daß das, was der systematische Theologe Colin Brown »Geist-Christologie«[2] nennt, für uns ein Schlüssel ist, um zu verstehen inwieweit der Dienst, den wir heute tun, den Dienst Jesu widerspiegelt oder nicht. Was darunter zu verstehen ist, und was ich selbst mit »Inkarnationstheologie« bezeichne, habe ich in meinem Buch *Der gesunde Aufbruch* beschrieben und werde aus diesem Grund nur eine kurze Zusammenfassung dieses Begriffes geben.

Ich gehe von folgender Prämisse aus: *»Der Heilige Geist war die einzige Quelle, aus der Jesus während der Dauer seines irdischen Dienstes, seine Vollmacht bezog. Die Vollmacht Jesu war keine Vollmacht, die er von sich aus oder aus eigener Kraft heraus hatte. Weil uns der Zugang zu der gleichen Quelle der Vollmacht offensteht, dürfen wir auch heute erwarten, daß wir die Werke, die Jesus vollbracht hat, oder noch größere vollbringen können.«*[3]

Auch wenn man unumstößlich an der Tatsache festhält, daß Jesus während der gesamten Zeit seines Dienstes auf der Erde ganz Gott und ganz Mensch war, so wird doch aus seinen eigenen Worten deutlich, daß »der Sohn nichts von sich aus tun kann, sondern nur, wenn er den Vater etwas tun sieht« (Joh 5,19). Im zweiten Kapitel des Briefes an die Philipper steht, daß Jesus dem Vater während der Zeit seiner Menschwerdung auf Erden aus freien Stücken gehorsam war (Phil 2,5–8). Für eine bestimmte Zeit verzichtete er bereitwillig darauf, von seinen göttlichen Eigenschaften Gebrauch zu machen. Er vollbrachte aufgrund seiner eigenen göttlichen Natur keine Wunder, denn damit hätte er den Pakt mit dem Vater gebrochen, in dem er sich ihm zum Gehorsam verpflichtet hatte. Alle Wunder Jesu wurden vom Heiligen Geist vollbracht, der durch ihn wirkte, und aus diesem Grund nennt Colin Brown dies auch »Geist-Christologie«.

Deshalb konnte Jesus auch kurz vor seiner Himmelfahrt seinen Jüngern die Wahrheit sagen, daß es gut für sie sei, wenn er weggehe (Joh 16,7). Erst nachdem er sie verlassen hatte, konnte er ihnen den Heiligen Geist als *Parakleten* senden (Joh 16,14): »Wahrlich, ich sage euch: Wer an mich glaubt, wird die Werke, die ich vollbringe, auch vollbringen, und er wird noch größere vollbringen, denn ich gehe zum Vater« (Joh 14,12).

Die Bedeutung der Versuchung Jesu

Lassen Sie uns nun wieder auf den Zusammenprall der Mächte bei der Versuchung Jesu zurückkommen. Ich habe in diesem Zusammenhang schon erwähnt, daß Satan dabei seinen höchsten Trumpf ausspielte. Aber worin bestand Satans Angriffsplan?

Satan griff Jesus auf genau die gleiche Art und Weise an, mit der er Adam und Eva bei der ersten Versuchung angegriffen hatte. Er versuchte ihn in puncto Gehorsam gegenüber Gott. Satan verführte Adam und Eva erfolgreich dazu, Gott ungehorsam zu sein, und er erwartete, daß er mit dieser Taktik auch bei Jesus zum Ziel kommen würde. Satan wußte genau, daß der Plan der Erlösung nicht mehr zu verwirklichen gewesen wäre, wenn Jesus auch nur ein einziges Mal den Pakt des Gehorsams gebrochen hätte, den er mit dem Vater geschlossen hatte. Deswegen machte Satan auch drei Anläufe. Jesus wäre in der Lage gewesen, die Steine in Brot zu verwandeln, er hätte sich auch vom Tempel stürzen und Engel zu Hilfe rufen können. Aber in beiden Fällen hätte er von seinen göttlichen Eigenschaften Gebrauch machen müssen, derer er sich jederzeit hätte bedienen können. Er hätte seine Gottheit in Anspruch nehmen und die Reiche von Satan nehmen können, *ohne* ihn anzubeten. Aber da der Vater ihm keinerlei Anweisungen gegeben hatte, eines dieser drei Dinge zu tun, tat sie Jesus nicht. Im Gegensatz zu Adam und Eva war er dem Vater gehorsam.

Damit sehen wir aber, wie Jesus in seiner *menschlichen* Natur den Feind direkt angreift. Zugegeben, er war immer die zweite Person der Trinität, aber diese Tatsache änderte am Wesen dieses Zusammenpralls der beiden Mächte nichts. Die zentrale Tatsache war, daß Jesus als *menschliches Wesen* Satan auf dessen Territorium öffentlich zum Kampf herausforderte und ihn besiegte. Dies vollbrachte er durch die Kraft des Heiligen Geistes. Während seiner Taufe ließ sich der Heilige Geist wie eine Taube auf ihm nieder (Lk 3,22). Danach »führte ihn der Geist« zu dem Kampf mit Satan (Lk 4,1). Und nachdem der Teufel besiegt war, »kehrte Jesus erfüllt von der Kraft des Geistes nach Galiläa zurück« (Lk 4,14).

Wir stehen immer noch vor derselben Frage: Gilt das auch für uns – auch heute? Nun, der Teufel kann uns genau wie Jesus in Versuchung bringen, denn »er wurde in allem wie wir in Versuchung geführt« (Hebr 4,15). Und uns steht der Zugang zu dem gleichen Heiligen Geist offen (Joh 14,16). Jesus hat auch zu seinen Jüngern, und damit vermutlich auch zu uns, gesagt: »Ich habe euch die Vollmacht gegeben ..., die ganze Macht des Feindes zu überwinden« (Lk 10,19). Ich bin der Überzeugung, daß wir das geistliche Potential dazu haben, die Werke zu tun, die Jesus getan hat.

Nach diesen Ausführungen will ich aber unverzüglich klarstellen, daß es sich dabei nur um eine rein theoretische Schlußfolgerung handelt. Ob wir das überhaupt tun *sollten,* und wenn ja, bis zu welchem Grad und unter welchen Umständen, ist eine ganz andere Frage.

Wie weit sollten wir gehen?

Einer der Gründe, weswegen wir gut daran tun, in dieser Hinsicht Vorsicht walten zu lassen, liegt darin, daß uns in der Bibel weder von den zwölf Aposteln noch von anderen christlichen Leitern aus dem ersten Jahrhundert Beispiele berichtet werden, daß sie – wie Jesus – Satan direkt angegriffen hätten. Ich vermute, daß die beste Erklärung dafür darin liegt, daß Gott ihnen dafür keinen Auftrag gegeben hatte. Offensichtlich hat der Heilige Geist keinen von ihnen in diese Dimension von Wildnis oder in einen ähnlich hochrangigen Kampf geführt, wie er es mit Jesus tat. Wenn wir davon ausgehen, daß die Jünger dem Beispiel Jesu folgten und nur das taten, was sie den Vater tun sahen, dann können wir die Schlußfolgerung ziehen, daß der Vater dies mit ihnen ganz offensichtlich so nicht tat.

Aber was geschieht dann, wenn heutzutage Christen »Satan, ich binde dich« befehlen? Wahrscheinlich nicht so viel, wie wir gerne hätten. Satan wird irgendwann in der Zukunft für 1000 Jahre gebunden werden, aber in

Offenbarung 20,1–2 steht, daß dies ein Engel tun wird. Von einem Menschen ist nicht die Rede. Auf der anderen Seite mag es ganz nützlich sein, wenn man »Ich binde dich, Satan!« sagt, denn damit versichert man sich selbst und auch anderen auf unmißverständliche Weise, daß wir den Teufel nicht dulden, und daß wir ihn so weit wie irgendwie möglich lahmlegen.

Ich gehöre nicht zu denen, die Brüder oder Schwestern schelten, weil sie Satan auf aggressive Weise in seine Schranken verweisen. Ich hätte während des Golfkrieges auch keinen amerikanischen Soldaten kritisiert, nur weil er »Paß auf, Saddam Hussein, jetzt kommen wir!« geschrien hat. Kein einziger dieser Soldaten hat je ernsthaft damit gerechnet, Saddam Hussein zu Gesicht zu bekommen, aber sie proklamierten, wer der eigentliche Feind war.

Jesus hilft uns dabei, dies alles zu verstehen. Er trieb in Lukas 13,1–16 bei einer Frau einen Dämon aus, der sie 18 Jahre lang gebunden gehalten und bei ihr Krankheit und Gebrechlichkeit verursacht hatte. Als er dann später erklärte, was er gerade getan hatte, sagte er, daß Satan sie schon seit achtzehn Jahren gefesselt gehalten habe. Ich glaube nicht, daß Jesus damit sagen wollte, daß Satan *selbst* 18 Jahre damit verbracht hatte, diese Frau zu dämonisieren. Ich glaube viel eher, daß Jesus damit ausdrücken wollte, daß Satan – als Oberbefehlshaber der bösen Mächte – einem anderen Geist diesen Auftrag gegeben hat und deswegen für diesen Vorfall auch die Letztverantwortung trägt. Und wenn Jesus sagen konnte, daß Satan diese Frau gebunden hielt, dann kann es auch für uns – vorausgesetzt, wir wissen um die Begrenztheit unseres Tuns – nicht falsch sein, wenn wir sagen: »Ich binde dich, Satan!«

Obwohl es sehr fraglich ist, daß Gott uns eine Auseinandersetzung mit Satan selbst zumutet, so besteht doch kaum Zweifel daran, daß Gott uns den Auftrag gegeben hat, allen Dämonen mutig entgegenzutreten. Das Neue Testament liefert uns dafür so viele Beispiele, daß sie hier nicht mehr einzeln aufgezählt werden müssen, und Jesus selbst hat klargestellt, daß die Verkündigung des Reiches Gottes nicht vom Austreiben von Dämonen getrennt werden kann (Mt 10,7–8).

Jesus hat sich allerdings nicht eindeutig darüber ausgelassen, ob unsere Auseinandersetzungen mit dem Dämonischen nur auf die Ebene des geistlichen Nahkampfes beschränkt sind – was offensichtlich ist –, oder ob auch die Ebene des Okkulten oder sogar die geistliche Kampfführung in den von ihm angesprochenen Auseinandersetzungen miteingeschlossen sind. In dieser Frage sind sich diejenigen, die über das Thema geistliche Kampfführung lehren und sie auch praktizieren, noch nicht in allen Punkten einig. Aber soweit ich das beurteilen kann, herrscht allgemeine Übereinstimmung darüber, daß wir auf dem unteren Niveau des geistlichen Nahkampfes ganz unbedarft dienen und Dämonen austreiben sollen, und daß wir gut daran tun, uns von direkten Auseinandersetzungen mit dem Gott dieser Weltzeit, Satan selbst, fernzuhalten. Was den aktiven Kampf gegen die dämonischen Mächte auf den verschiedenen, dazwischenliegenden Ebenen angeht, sind die einen etwas zurückhaltender, die anderen etwas offensiver.

Mein Eindruck ist, daß es gut möglich ist, daß Gott eine relativ geringe Anzahl christlicher Leiter beruft, ausrüstet und dazu befähigt, an die Front hinauszugehen und dort diese geistlichen Schlachten zu schlagen. Und ich glaube auch, daß er sehr viele Christen berufen und lehren wird, diesen Leuten in Fürbitte, durch Ermutigung, materielle Gaben und echte Unterstützung Rückhalt zu geben. Ich denke, daß Gott dabei ist, sich eine immer größer werdende Anzahl geistlicher Vorbilder auszuwählen, die auf jeder Ebene die Herrscher der Finsternis angreifen, entscheidende Schlachten beginnen und wir deshalb auch ein meßbares Anwachsen der Anzahl an Verlorenen erleben werden, die »sich von der Finsternis zum Licht und von der Macht Satans zu Gott bekehren« (Apg 26,18).

Wie man eine Stadt einnimmt

Was hat Jesus seinen Nachfolgern über die geistliche Kampfführung zu sagen? Einige seiner direktesten Anweisungen stehen nicht in den Evangelien, sondern in der Offenbarung. Oft vergessen wir, daß die Offenbarung mehr als zwei Kapitel mit Worten enthält, die Jesus selbst gesagt hat. Weil die Worte Jesu in meiner Bibel rot gedruckt sind, werde ich beim Lesen in der Offenbarung immer wieder daran erinnert. Das, was in den Briefen an die sieben Gemeinden in Asien steht, gehört zu den wenigen Teilen der Bibel, die Gott dem menschlichen Autor offenbar buchstäblich diktiert hat.

Die sieben verschiedenen Gemeinden erhalten zwar sieben verschiedene Botschaften, aber sie haben auch ein paar Gemeinsamkeiten. Jeder Brief beginnt beispielsweise mit ein paar kurzen Sätzen, in denen der Urheber dieser Briefe, Jesus Christus, beschrieben wird, und jeder Brief versichert den Lesern, daß in ihm das steht, »was der Geist den Gemeinden sagt«. An dieser Stelle wird für uns jedoch noch eine weitere Gemeinsamkeit der Briefe deutlich. In jedem einzelnen der sieben Briefe steht nur ein einziges Verb, das etwas mit Herrschen zu tun hat: *siegen*.

Und in der Tat sind in jedem der Briefe ungewöhnlich große Verheißungen an das Siegen gekoppelt. Demjenigen, der auf die Art siegt, wie es sich Jesus von uns wünscht, ist verheißen, daß (1) er vom Baum des Lebens essen wird, (2) der zweite Tod ihm nichts anhaben kann, (3) er von dem verborgenen Manna essen wird, (4) er Macht über die Völker haben wird, (5) er mit weißen Gewändern bekleidet werden wird, (6) er eine Säule im Tempel in dem Neuen Jerusalem sein wird und (7) er mit Jesus auf dessen Thron sitzen wird. Auf diejenigen, die dem Wunsch Jesu folgen, warten also hohe Belohnungen!

Aber was bedeutet es zu »siegen«? Wenn man der Bedeutung des Wortes etwas genauer nachgeht, scheint »siegen« in dem Plan, den Jesus für seine Gemeinde auf Erden hat, eine gewichtige Rolle zu spielen. Das griechische Wort für siegen heißt »*ikaon*«. Nicholas oder Nick sind in Griechenland häufige Namen und kommen von demselben Wortstamm. Es bedeutet »erobern« und ist in der Sprache der Militärs ein häufig gebrauchtes Wort. Wenn Jesus uns dazu ruft, daß wir siegen sollen, dann ruft er uns damit zum geistlichen Kampf. Im *»Dictionary of New Testament Theology«* steht, daß das Wort »*nikao*« im Neuen Testament »fast immer den Konflikt zwischen Gott oder Christus und feindlichen dämonischen Mächten voraussetzt«.[4] Jesus gebraucht in den anderen Teilen des Neuen Testaments nur noch zwei weitere Male das Wort »*nikao*«. Das eine Mal ist es in Johannes, Kapitel 16, Vers 33, als Jesus den Jüngern versichert: »Ich habe die Welt besiegt (*nikao*).« Diese Passage gibt uns unglaublich große Sicherheit, weil sie uns die Tatsache ins Gedächtnis ruft, daß die eigentliche Schlacht schon geschlagen ist und daß der Sieger und der Verlierer schon feststehen. Es ist nicht unsere Aufgabe, die Schlacht zu gewinnen, das hat Jesus am Kreuz schon getan. Unsere Aufgabe besteht lediglich darin, die Aufräumungsarbeiten zu erledigen. Aber Jesus erwartet von uns, daß wir dies siegreich tun.

Den Starken besiegen

Im Zusammenhang mit der Frage, wie man mit dem »Starken«, beziehungsweise einer feindlichen dämonischen Macht umgeht, gebraucht Jesus ein zweites Mal das Wort »*nikao*«. Im Lukasevangelium spricht er davon, daß man einen Starken zuerst besiegen (*nikao*) muß, bevor man in dessen Hof eindringen und ihn ausplündern kann. Diese Schriftstelle ist für das gesamte Thema geistliche Kampfführung sehr wichtig. Sie kann darüber hinaus mit gutem Grund als Hinweis darauf betrachtet werden, daß dämonische Aktivitäten auf verschiedenen Ebenen stattfinden. Der hier beschriebene Vorfall beginnt mit einem geistlichen Nahkampf, als Jesus aus einem Stummen einen Dämon austrieb (Lk 11,14). Aber Jesus fährt danach fort und spricht über das Reich Satans (Lk 11,18), einen Hof (Lk 11,21) und über Beelzebub, einen hochrangigen Dämonenfürst, der Satan unterstellt ist. Man kann aus dieser Stelle auch ableiten, daß Jesus hier von mehreren voneinander abgestuften Bereichen spricht, die er überwinden bzw. in denen er den Sieg erringen will.

In den Parallelstellen über den Starken im Matthäus- und Markusevangelium gebraucht Jesus nicht das Wort »besiegen«, sondern das Wort »binden« (Mt 12,29 und Mk 3,27). Dieses Wort ist das gleiche, das Jesus auch in Matthäus 16, Vers 19 benutzt, als er sagt: »Was du auf Erden binden wirst, das wird auch im Himmel gebunden sein.« Wenn wir uns also im geistlichen Kampf befinden und ausdrücken wollen, daß wir den Feind gerade angreifen, dann können wir die Worte »besiegen«, »überwinden« und »binden« als gleichbedeutende Ausdrücke gebrauchen.

Die Gemeinden in den sieben Städten sollen die Mächte des Bösen besiegen oder überwinden, die die Herrlichkeit Gottes davon abhält, in ihrer Stadt hervorzubrechen. Ich gehe davon aus, daß dieser Wunsch Jesu nicht nur für das erste Jahrhundert, sondern auch für uns im zwanzigsten Jahrhundert gilt. Ich fühle beispielsweise eine Mitverantwortung dafür, daß meine Stadt, in der ich lebe, Pasadena in Kalifornien, für Jesus erobert wird. Ich habe das Vorrecht, in einer größeren Gruppe von christlichen Leitern zu sein, die sich »Pasadena für Christus« nennt. Momentan steckt unser Vorhaben, viele Kräfte zum Kampfgebet für unsere Stadt zu mobilisieren, noch in den Kinderschuhen. Aber wir sind zuversichtlich, daß wir den oder die Starken über Pasadena irgendwann erkannt und besiegt haben werden, wenn wir der Führung Jesu gehorchen.

Die Strategie Satans

Wenn man die dämonischen Mächte, die eine Stadt beherrschen, auf strategischer Ebene besiegen will, dann muß man zumindest ein Grundverständnis von Satans Vorgehensweise haben.

Ich denke, daß man all die bösen und taktischen Aktivitäten Satans in der nachfolgenden Aussage zusammenfassen kann: *Es ist sowohl die Hauptaufgabe als auch der Hauptwunsch Satans, alles zu unternehmen, damit Gott nicht verherrlicht wird.* Immer wenn Gott im Leben einer Person, in einer Gemeinde, in einer Stadt oder in der gesamten Welt nicht verherrlicht wird, hat Satan sein Ziel erreicht. Wir sind uns auch völlig darüber im klaren, daß die Motivation Satans darin liegt, daß er selbst Ehre haben will, die aber allein Gott gebührt. Als Luzifer vom Himmel fiel, schrie er: »Ich werde dem Höchsten gleichen!« (Jes 14,14). Er versuchte Adam und Eva mit der Verlockung: »Ihr werdet sein wie Gott« (Gen 3,5). Er versuchte erfolglos, Jesus dazu zu verleiten, sich vor ihm niederzuwerfen und ihn anzubeten (Mt 4,9).

Wie erreicht Satan seine Absicht, daß Gott nicht verherrlicht wird? Um diese Frage zu beantworten, scheint es hilfreich zu sein, wenn man die Aktivitäten Satans in Hauptziele und in sekundäre Ziele unterscheidet.

Satans Hauptziel ist, alles zu tun, damit verlorene Menschen nicht gerettet werden. Dadurch verhindert er, daß Gott verherrlicht wird. Jesus kam, um die Verlorenen zu suchen und zu retten. Gott sandte seinen Sohn, damit jeder, der an ihn glaubt, ewiges Leben habe. Die Engel im Himmel überschlagen sich jedesmal vor Freude, wenn ein Mensch gerettet wird. Satan haßt alle, die zu Gott gehören. Er will, daß die Menschen zu ihm in die Hölle und nicht in den Himmel kommen. Der Grund für dieses Hauptziel ist leicht zu erkennen. Jedesmal wenn er bei einem Menschen dieses Ziel erreicht, hat er einen *endgültigen Sieg* errungen.

Satans sekundäres Ziel besteht darin, in diesem Leben Menschen und die menschliche Gesellschaft in soviel Unglück wie möglich zu stürzen. Der Feind ist gekommen, um zu stehlen, zu töten und zu zerstören. Wenn wir uns ein bißchen umschauen und Kriege, Armut, Unterdrückung, Krankheit, Rassismus, Gier und unzählige weitere, ähnliche Übel sehen, dann hegen wir keinerlei Zweifel daran, daß Satan bei seinem Vorhaben offensichtlich erfolgreich ist. Keines der eben angeführten Übel verherrlicht Gott. Und sie sind nur sekundäre Ziele, weil jedes einzelne nur einen *zeitlich begrenzten Sieg* bedeutet.

Aber Satan ist auf beiden Gebieten sehr geschickt. Er hat jahrtausendelange Erfahrung gesammelt. Ich stimme Timothy Warner zu, der sagt: »Satans Haupttaktik ist Täuschung.« Er täuscht Menschen, »indem er ihnen Lügen über Gott erzählt« und »indem er sie durch seine Machtdemonstrationen irreführt«.[5] Mir persönlich ist es fast unbegreiflich, wie er es schafft, eine so riesige Zahl von Menschen davon abzuhalten, das Evangelium zu glauben. Woher kommt es, daß unsere Nachbarn die meiste Zeit überhaupt nicht verstehen, von was wir ihnen erzählen, wenn wir ihnen das Evangelium erklären wollen? Das Evangelium ist ein Glücksgriff. Christ zu werden ist noch viel besser, als im Lotto zu gewinnen! Und dennoch würden viele unserer Nachbarn einen Lotteriegewinn dem ewigen Leben vorziehen. Wie ist das möglich? Die Antwort darauf steht klar und deutlich in 2. Korintherbrief, Kapitel 4, Verse 3 bis 4. Der Apostel Paulus hatte mit der gleichen Enttäuschung zu kämpfen. Zu wenig Menschen nahmen Christus als ihren Erlöser an. Deswegen sagte er, daß das Evangelium denen verhüllt ist, die verlorengehen, »denn der Gott dieser Weltzeit hat das Denken der Ungläubigen verblendet. So strahlt ihnen der Glanz der Heilsbotschaft nicht auf« (2 Kor 4,4a). Menschen werden keine Christen, weil ihr Denken schlicht und ergreifend mit Blindheit geschlagen worden ist. Die Herrlichkeit Christi dringt nicht zu ihnen durch. Satan tut seine Arbeit!

Drei Milliarden verblendete Menschen

Während ich dieses Buch schreibe, leben auf dem Planet Erde über drei Milliarden Menschen, die Jesus Christus noch nicht als Herr und Erlöser kennen. In dieser Zahl sind die Millionen von Christen nicht eingerechnet, die zwar laut Taufschein Christ sind, aber in ihrem Herzen nicht an Jesus glauben. Damit will ich nur sagen, daß Satan bei sehr vielen sein Hauptziel erreicht hat. Aber wie schafft er das? Wie schafft er es, das Denken von drei Milliarden Menschen mit Blindheit zu schlagen?

Ganz offensichtlich kann er das nicht alleine tun. Satan ist nicht Gott, und er besitzt auch nicht die Wesensmerkmale Gottes. Das bedeutet unter anderem, daß Satan nicht allgegenwärtig ist. Er kann im Gegensatz zu Gott nicht überall zur gleichen Zeit sein. Satan kann zu einem bestimmten Zeitpunkt nur an einem einzigen, bestimmten Ort sein. Er kann wahrscheinlich ziemlich schnell von einem Ort zum anderen gelangen, aber wenn er dort angekommen ist, dann ist er immer wieder nur an einem einzigen Ort gegenwärtig.

Ich kann mir nur einen einzigen Weg vorstellen, der es Satan ermöglicht, das Denken von drei Milliarden Menschen mit Blindheit zu schlagen. Er muß die Aufgabe delegieren. Er hat eine Hierarchie dämonischer Mächte aufgebaut, die seine Absichten und Ziele ausführen. Wir werden wohl nie genau wissen, wie diese Hierarchie aussieht, aber wir haben einige grundsätzliche Hinweise. In Epheser 6,12 finden wir die wohl klarste Andeutung. Dort steht, daß wir nicht gegen Fleisch und Blut kämpfen, sondern gegen (1) Fürsten, (2) Gewalten, (3) Beherrscher dieser finsteren Welt und (4) böse Geister des himmlischen Bereichs. Neutestamentler können aus diesem Text keine eindeutige hierarchische Ordnung ableiten, weil die gleichen griechischen Begriffe in anderen Passagen der Heiligen Schrift eine andere Bedeutung haben und auch untereinander ausgetauscht werden. Außerdem gibt es noch zusätzliche Begriffe wie »Throne« und »Mächte«. Mit anderen Worten: Diese Kategorien sind für uns nicht so eindeutig wie es beispielsweise Generäle, Oberst, Major und Hauptmann sind. Aber es wird deutlich, daß die verschiedenen Begriffe verschiedene Arten von dämonischen Wesen beschreiben, deren Aufgabe darin besteht, die »Anschläge des Teufels« auszuführen (Eph 6,11). Diese Wesen haben zusammen mit den vielleicht sehr vielen anderen Arten, die ihnen unterstellt sind und ihren Anweisungen gehorchen, die Aufgabe, dafür zu sorgen, daß ungerettete Menschen in der Zeit, in der sie noch auf der Erde leben, nicht gerettet werden und daß deren Leben so weit wie möglich verpfuscht wird.

Wie sehen unsere Städte in Wirklichkeit aus?

Ich habe schon oben erwähnt, daß George Otis an einem faszinierenden Konzept arbeitet, das er »geistliche Landkarten« nennt. Er sagt unter anderem, daß wir uns bemühen sollten, unsere Städte und Nationen so zu sehen, wie sie *in Wirklichkeit* sind und nicht nur so, wie sie uns *erscheinen*. Es ist entscheidend, daß wir die geistlichen Kräfte voneinander zu unterscheiden lernen, die das Aussehen des sichtbaren Lebens auf der Erde beeinflussen. Walter Wink versuchte beispielsweise Sozialaktivisten davon zu überzeugen, daß größere und bessere Reformprogramme die Gesellschaft noch nie zum Besseren hin verändert haben und dies aller Voraussicht nach auch nie tun werden, solange die geistlichen Mächte, die hinter den Sozialstrukturen stehen, nicht benannt, demaskiert und bekämpft werden.[6] In seinen Bestsellern *Die Finsternis dieser Welt* und *Licht in der Finsternis* personalisiert und dramatisiert Frank E. Peretti den Kampf zwischen den Mächten stärker als Walter Wink dies je tun würde. Das Entscheidende ist, daß wir darum bemüht sind, unsere Welt so zu sehen, wie sie wirklich ist, und nicht nur so, wie sie uns erscheint.

Die Bedeutung dieser Sichtweise wird in 2. Korinther 10, Vers 3 deutlich. Diese Stelle gehört in unserem Zusammenhang zu den hilfreichsten Schriftstellen überhaupt. Paulus sagt in ihr: »Wir leben zwar in dieser Welt, kämpfen aber nicht mit den Waffen dieser Welt.« Jesus sagte, daß wir in der Welt, aber nicht von dieser Welt sein sollten (Joh 15,19 und Joh 17,15). Das bedeutet aber, daß der wirkliche Kampf geistlicher Natur ist. Im 2. Korintherbrief fährt Paulus fort:

»*Denn die Waffen unsres Kampfes sind nicht fleischlich, sondern mächtig im Dienste Gottes, Festungen zu zerstören. Wir zerstören damit Gedanken und alles Hohe, das sich erhebt gegen die Erkenntnis Gottes, und nehmen gefangen alles Denken in den Gehorsam* gegen Christus« (2 Kor 10,4–5; revidierte Lutherübersetzung).

Die Festung ist der Ort, an dem sich der Feind und seine Kräfte verschanzt haben. Die Zerstörung von Festungen ist zweifellos eine offensive Kampfhandlung. Gott will anscheinend, daß wir diese Festungen ebenso angreifen, wie es Jesus tat, als er in das Hoheitsgebiet Satans in die Wildnis eindrang, um dort Satan zu stellen. Charles Kraft unterscheidet drei Arten, auf die ein solcher Zusammenstoß von Mächten stattfinden kann. Der Zusammenprall mit der Wahrheit, der Zusammenprall mit Ergebenheit und der Zusammenprall von Macht.[7] Der Zusammenprall mit der Wahrheit ist das »Zerstören von Gedanken«, der Zusammenprall mit Ergebenheit ist die »Gefangennahme allen Denkens in den Gehorsam Gottes«. Das Kampfgebet muß gegen diese beiden Festungen gerichtet sein.

Der Satz, mit dem das Dämonische in dieser Passage am meisten angesprochen wird, lautet: »alles Hohe, das sich erhebt gegen die Erkenntnis Gottes«. Das griechische Wort für »Hohes« heißt »*hyposoma*«, ein Begriff, der auf »astrologische Ideen«, »kosmische Mächte« und

»Mächte, die gegen Gott gerichtet sind und versuchen, sich zwischen Gott und die Menschen zu stellen«, zielt.[8] Das führt uns zu der Schlußfolgerung, daß wir nicht daran vorbeikommen, auch auf der unsichtbaren Ebene geistlich zu kämpfen. Nur dadurch können die Mächtigen oder territorialen Geister zurückgewiesen werden, die verhindern, daß Gott verherrlicht wird.

Erst wenn wir diese Mächte in unser Blickfeld bekommen, werden wir unsere Städte sehen, wie sie wirklich sind. Kriminalität, Bandenwesen, Armut, Abtreibung, Rassismus, Gier, Vergewaltigung, Drogensucht, Scheidung, soziale Ungerechtigkeit, Kindesmißbrauch und viele andere schreckliche Übel, wie sie für Pasadena – meiner Heimatstadt – kennzeichnend sind, sind nur ein Ausdruck der zeitlich begrenzten Siege Satans. Unsere leeren Gemeinden und die herrschende Gleichgültigkeit gegenüber dem Evangelium sind ein Ausdruck der ewigen Siege Satans. Ich bin für die Förderung von guten Sozialprogrammen, Bildung, Antiabtreibungsdemonstrationen, starken Polizeikräften und für eine zuverlässige Rechtsprechung und unterstütze dieses auch. Ich glaube, daß Evangelisationen sinnvoll sind, und ich glaube auch an die Vier Geistlichen Gesetze.[9] Aber solange die Festungen Satans nicht geschleift sind, werden alle diese Sozial- und Evangelisationsprogramme nicht die Resultate erzielen, die wünschenswert wären, oder die Ergebnisse bringen, die sie bringen sollten. Hier findet der eigentliche Kampf statt, und unsere Waffe ist Gebet! Kampfgebet.

Beispiele aus der Bibel

Sobald wir einmal die biblischen und theologischen Prinzipien verstanden haben, die hinter dem Zusammenprall stecken, den Jesus mit dem Feind in der Wüste gehabt hat, sobald wir seinen Wunsch verstehen, daß wir unsere Städte für Jesus einnehmen oder »überwinden« sollen, und sobald wir einmal verstanden haben, daß der eigentliche Kampf geistlicher Natur ist, bekommen einige andere Schriftstellen eine ganz neue Bedeutung. Ich betrachte diese Stellen weniger als Programme für Christen, die dazu gerufen sind, auf strategischer Ebene geistlich zu kämpfen. Ich betrachte diese Stellen ganz einfach als Beispiele, wie Gott von Zeit zu Zeit seine Diener beim Kampfgebet gebraucht hat.

Daniel

Das Beispiel des Propheten Daniel, der drei Wochen lang fastete und betete (Dan 10,1–21) ist allen geläufig. Er betete für Dinge, die die höchste politische Ebene und auch Cyrus, den König von Persien, betrafen. Daniel betete für Anliegen im natürlichen, soziopolitischen Raum. Aber in diesem Fall bekommen wir einen kleinen Einblick, was auf Daniels Gebet hin im geistlichen Raum geschah. Wir sehen das persische Reich so, wie es wirklich ist und nicht nur so, wie es anscheinend ist.

Während der Zeit, in der Daniel betete und fastete, hatte er eine »gewaltige Erscheinung«, weswegen ihn »alle Kräfte« verließen (Dan 10,8). Aber dann erschien Daniel ein Engel persönlich, um ihm mitzuteilen, was geschehen war. Dieser Engel war schon am ersten Tag, an dem Daniel zu beten begonnen hatte, zu ihm gesandt worden, aber er brauchte 21 Tage, bis er endlich bei ihm ankam. In diesen drei Wochen tobte in der geistlichen Welt ein schrecklicher Kampf. Der »Engelfürst des Perserreiches«, ein dämonisches Wesen, war in der Lage, den guten Engel so lange am Weiterkommen zu hindern, bis diesem Verstärkung in der Person von niemand Geringerem als dem Erzengel Michael zu Hilfe kam. Dieser gute Engel überbrachte Daniel dann eine Botschaft, die so gewaltig war, daß Daniel »zu Boden blickte und stumm wurde« (Dan 10,15). Danach sagte der Engel Daniel noch, daß er auf seinem Rückweg nicht nur mit dem »Engelfürst von Persien«, sondern auch noch mit dem »Engelfürst von Griechenland« kämpfen müsse, und daß er diesen Kampf ebenfalls nur mit Michaels Hilfe bestehen könne.

Dieser Bericht läßt kaum Zweifel an der Tatsache zu, daß territoriale Geister das menschliche Leben in seiner ganzen soziopolitischen Dimension beeinflussen. Und er führt uns auch deutlich vor Augen, daß das Gebet die einzige Waffe war, die Daniel in seiner Hand hatte, um diese Herrscher der Finsternis besiegen zu können.

Jeremia

Wenn wir den Dienst des Propheten Jeremia betrachten, dann finden wir im Blick auf den Kampf in der unsichtbaren Welt, keine detaillierten Berichte. Aber was seine göttliche Berufung zur geistlichen Kampfführung angeht, finden wir einen sogar noch deutlicheren Bericht. Gott sagte zu Jeremia: »Sieh her! Am heutigen Tag setze ich dich über Völker und Reiche; du sollst ausreißen und niederreißen, vernichten und einreißen, aufbauen und einpflanzen« (Jer 1,10). Diese Schriftstelle bezieht sich eindeutig nicht auf die Königreiche dieser Erde, so wie sie anscheinend sind. Sie bezieht sich darauf, wie die Königreiche wirklich sind. Sie bezieht sich auf die Fürsten und Gewalten, welche die Wurzel von all dem sind, was sich im menschlichen Leben abspielt.

Gott gab Jeremia keine fleischlichen Waffen, um diese Aufgabe zu erfüllen. Jeremia stand kein politisches Amt, kein Militärkommando oder riesiger Reichtum zur Verfügung. Seine Waffe war Fürbitte – Kampfgebet, das im Einklang mit dem Willen Gottes stand. Diese Waffe war mächtig genug, um den Gang der Menschheitsgeschichte zu ändern.

Lukas und die Apostelgeschichte

Nur wenige Gelehrte unserer Zeit haben sich so sorgfältig in das Gebiet geistlicher Kampfführung eingearbeitet wie die Neutestamentlerin Susan R. Garrett von der amerikanischen Universität York. In ihrem Buch *The Demise of the Devil* (Das Ableben Satans) bestätigt sie, daß der Kampf gegen das Dämonische das Thema ist, das sich durch die gesamte Apostelgeschichte zieht. Susan Garrett stellt die Frage: »Wenn die Augen der Menschen mit Blindheit geschlagen worden waren, weil sie unter der Kontrolle Satans standen, wie war es dann Paulus möglich, ihnen ihre Augen wieder zu öffnen?« Ihr zufolge liegt die Antwort darin, daß »*Paulus selbst mit einer Vollmacht ausgerüstet gewesen sein muß, die größer war als die Macht Satans*«. Für sie ist die Stelle, an der Jesus seinen Jüngern die Vollmacht gibt, die ganze Macht des Feindes zu überwinden (Lk 10,19), eine Schlüsselstelle, denn dies ist genau die Vollmacht, die in der Apostelgeschichte durch Paulus wirkt.[10]

Es ist gut möglich, daß der Dienst in Ephesus das herausragendste Beispiel dafür ist, wie Paulus – um mit John Dawsons Ausdruck zu sprechen – »eine Stadt für Gott einnahm«. Wie allgemein bekannt, war Ephesus im Römischen Reich das »Zentrum magischer Mächte«. Clinton E. Arnold bekräftigt, daß sich »durch jede Art von Magie, die in der damaligen hellenistischen Welt praktiziert wurde, die Kenntnis zog, daß es eine Welt der Geister gibt, die fast jeden Lebensbereich beeinflußt«[11]. Als Paulus nach Ephesus ging, muß er etwas von dem heftigen geistlichen Kampf mit hochrangigen Mächten gewußt haben, der ihn dort erwarten würde. Und nachdem er Ephesus verlassen hatte, beinhaltet sein Brief an die Epheser »eine beträchtlich höhere Ansammlung an Wörtern, die Macht ausdrücken und mit Macht zu tun haben, als in jedem anderen seiner Briefe«[12].

Das Ergebnis des Dienstes, den Paulus in Ephesus tat, war eine starke Gemeinde, aber auch ein regionaler Stützpunkt, von dem aus intensive evangelistische Einsätze ausgingen. Innerhalb von zwei Jahren »hörten alle Bewohner der Provinz Asien, Juden wie Griechen, das Wort des Herrn« (Apg 19,10), und »das Wort des Herrn wuchs mächtig und wurde stark« (Apg 19,20). Susan Garrett sagt, daß der Ausdruck »Wachstum des Wortes« ein Anzeichen darauf ist, daß ein Hindernis überwunden worden ist. Worin bestand das Hindernis? Sie sagt: »Es bestand in dem offenbar schonungslosen Bann, unter dem sich die Epheser befanden, weil in ihrer

Mitte Magie betrieben wurde. Das bedeutet, daß die Epheser mit den bösen Geistern Abmachungen trafen und sich dadurch gleichzeitig an deren Herrn, Satan selbst, verkauften.[13] Mit anderen Worten wurden die Fürsten über dem Gebiet von Ephesus durch den Dienst des Paulus so sehr geschwächt, daß sich das Evangelium mit großer Geschwindigkeit ausbreiten konnte. Das ist ein Beispiel für eine erfolgreiche geistliche Kampfführung, die von vielen auch als Angriff auf den bekannten territorialen Geist, Artemis von Ephesus, interpretiert wird.

Bevor dies geschah, war Paulus in einen anderen Zusammenprall mit hochrangigen Mächten verwickelt. Er entdeckte, daß Sergius Paulus, der politische Führer von Westzypern, sich mit einem praktizierenden Okkultisten zusammengetan hatte, der Elymas oder Bar-Jesus hieß. Der Zauberer gehorchte den Wünschen Satans und versuchte »den Prokonsul vom Glauben abzuhalten«. Nachdem sich Paulus darüber versichert hatte, daß dieser Mann auch in der Öffentlichkeit als »elender und gerissener Betrüger«, als »Sohn des Teufels« und als »Feind aller Gerechtigkeit« bekannt war, schlug ihn Paulus durch die Macht des Heiligen Geistes mit Blindheit. Susan Garrett schreibt dazu: »Als Paulus die Hand des Herrn anrief und danach Finsternis und Dunkelheit über Bar-Jesus kommen ließ, wird unmißverständlich bestätigt, daß Paulus größere Autorität besaß als Satan.« Und die Menschen erkannten schnell, daß »dieser Mann wahrlich gesandt ist, um die Augen der Heiden zu öffnen, damit sie sich von der Finsternis zum Licht und von der Macht Satans zu Gott bekehren«[14].

Christen glauben der Bibel und werden Jesus und den Aposteln, auch was den geistlichen Kampf betrifft, nachfolgen wollen, weil dies dazu führen kann, daß ihre Städte und Nationen für Christus erobert werden. Mir gefällt die Art und Weise, wie Susan Garrett die Welt beschreibt, in der Jesus und die Apostel ihren Dienst taten. »Die finsteren Regionen gehören zur Einflußsphäre Satans, der die Welt beherrscht, sich seit Anbeginn gut geschützt und verschanzt hat, und seinen Besitz wie Trophäen um sich herum aufgestellt hat. Die Kranken und Besessenen werden von seinen Dämonen gefangengehalten; auch die Heiden sind seiner Herrschaft ausgeliefert, die ihn verherrlichen und ehren – obwohl diese Ehrerbietung Gott allein zusteht.«[15]

Aber als Jesus kam und das Kommen des Reiches Gottes verkündigte, war das Ende des Reiches Satans gekommen. Susan Garrett sagt: »Es ist richtig, der endgültige Sieg liegt noch in der Zukunft. Aber seither können Satan und seine dämonischen und menschlichen Diener nicht mehr nach ihrem Belieben belästigen und quälen. Das Reich Satans begann um ihn herum zu zerfallen, und seine Autorität wurde nicht mehr von allen anerkannt. Die Schlacht dauert immer noch an, aber der endgültige Sieg Christi war schon sichergestellt. Die christliche Grunderfahrung bezeugt von den Tagen des Evangelisten Lukas an bis heute den Niedergang des Teufels.«[16]

Kapitel 4

Dämonen hinter jedem Busch

Richard Collingridge war im Ausland über zwanzig Jahre als Missionar tätig. Ich traf ihn das erste Mal gegen Ende der 80er Jahre, als er seine Arbeit unterbrach, um der Gemeindewachstums-Fakultät unseres Fuller Seminary ein Promotionsstudium in Missiologie zu machen. Er ist eine reife, geistliche und ausgeglichene Persönlichkeit.

Ich gebe Ihnen diese Vorinformationen deshalb, weil ich den Verdacht hege, daß mancher, der seine Geschichte liest, dazu neigen könnte, ihn als »Geisteskranken« abzustempeln.

Der »Wasserteufel«

1975 hatte Rich schon seit fünf Jahren im Sinoe Bible Institute in Liberia Vorlesungen gehalten. Damals erzählten ihm einige Studenten von einem »Wasserteufel«, der die Gestalt eines Messingringes annahm und immer wieder dabei beobachtet wurde, wie er als rollender Messingring mit seiner Macht Wege durch den Dschungel brach. Erst viel später begann Richard Forschungen über den »Wasserteufel« anzustellen und fand dabei heraus, daß dieser Geist auch in dem Buch von George Schwab, *Tribes of the Liberian Hinterland*[1] (Die Stämme im liberianischen Hinterland) beschrieben wird. Es war allgemein bekannt, daß man seine Macht dadurch unwirksam machen konnte, indem man entweder mit einer Machete auf den Ring schlug, Blut auf den Ring brachte oder indem man das Blatt einer Bananenstaude in seinen Weg warf.

Als Rich damals diese Geschichte hörte, war er sich sicher, daß es sich bei diesen Dingen um reinen »Aberglauben« handeln mußte. Er war davon überzeugt, daß die Wurzel dieses Aberglaubens in den Einbildungen lag, die sich aus den kollektiven Vorstellungen der verschiedenen Stämme gebildet hatten. Einbildungen, die in der Wirklichkeitsauffassung unseres wissenschaftlichen Zeitalters schon längst durchschaut und überholt waren. Aber aus einer Art anthropologischer Neugier heraus fragte

Collingridge seine Studenten, ob sie ihm nicht einen dieser »rollenden Dämonen« finden könnten, damit er ihn in seine Sammlung von Eingeborenenkunst aufnehmen konnte. Bald darauf fand einer seiner Studenten heraus, wo man einen »rollenden Dämon« bekommen könnte, und Rich kaufte einem Dorfbewohner, der in seiner Nähe wohnte, einen solchen ab.

Ein schlechter Zug!

Die Familie von Rich Collingridge bekam immer größere Schwierigkeiten.

Esther, Richs Frau, bekam schweres Kopfweh. Zuerst dachte sie, daß dieses Kopfweh durch den Streß, den sie als Ehefrau, als Mutter, die ihre Kinder zu Hause unterrichtet, als Missionarsfrau, die gleichzeitig auch noch in der Sonntagsschule lehrt, und durch die anderen Arten von Druck bedingt sei, mit denen jede Missionarsfrau fertig werden muß. Aber ihre Art von Kopfweh war anders. Ihr Kopfweh brachte auch ihr Gefühlsleben durcheinander, ging nicht mehr weg, und der Schmerz hatte mit gewöhnlichen Kopfschmerzen nichts zu tun. Ihre Schmerzen waren viel schärfer und viel hämmernder, und außerdem traten ihre Schmerzen in allen nur denkbaren Teilen ihres Kopfes auf.

Ihre beiden Töchter hatten plötzlich schreckliche Alpträume. Sie hörten nicht nur seltsame Dinge, sie sahen sie sogar tatsächlich an den Wänden. Sie konnten oftmals nur einschlafen, wenn Rich oder Esther eine Kerze anzündeten und mit ihnen zusammen im gleichen Zimmer schliefen.

Diese unnatürlichen Belästigungen wurden mit der Zeit immer schlimmer, so daß die Familie schießlich begann, gegen die Mächte der Finsternis zu beten. Dann wurden eines frühen Morgens ihre Gebete beantwortet. Rich wachte plötzlich hellwach auf und wußte ganz genau, was sich in ihrem Heim abspielte. Gott hatte ihm offenbart, daß sie unter den direkten satanischen Angriffen des Wasserteufels litten, den sie so naiv in ihr Haus gebracht hatten. Rich erzählte seiner Frau, was der Herr ihm gesagt hatte, stieg aus dem Bett, nahm den Messingring, ging damit in seine kleine Werkstatt, zerschlug ihn mit einem Vorschlaghammer und warf die Einzelteile weg.

Die Veränderung, die in Collingridges Haus eintrat, war dramatisch und sofort spürbar. Der Angriff war vorbei, der Herr hatte gesiegt. Als Rich diesen Vorfall James Doe, einem erfahrenen, weisen liberianischen Pastor erzählte, nickte dieser lediglich mit dem Kopf, als ob er sagen wollte: »Hast du etwas anderes erwartet?«[2]

Campus für Christus in Thailand

Meines Wissens ist der Film *Jesus*, den das Missionswerk Campus für Christus produziert hat, das machtvollste evangelistische Hilfsmittel unserer Zeit. Es gibt kaum Zweifel daran, daß durch kein anderes evangelistisches Hilfsmittel mehr Menschen zu Christus kommen, als durch die täglichen Aufführungen des Films »*Jesus*«. Paul Eshleman ist bei Campus für Christus für das Projekt des Jesus-Films verantwortlich und erzählt in seinem Buch *Wunder um den »Jesus«-Film*[3] die faszinierende Geschichte dieses Films.

Thailand gehört zu den außergewöhnlichen Beispielen für die Früchte, die der Film *Jesus* bringen kann. In den 150 Jahren Missionsarbeit, bevor Campus für Christus den *Jesus*-Film zu Beginn der 80er Jahre in Thailand einsetzte, waren nur ungefähr 500 Gemeinden entstanden. Roy Rosedales Nachforschungen haben ergeben, daß seitdem in den vergangenen acht Jahren über 2000 neue Gemeinden gegründet worden sind.[4]

In diesem Buch berichtet Eshleman von einem Team, das den Film in einem bestimmten Bauerndorf gezeigt hatte. Sie hatten vor, diese Nacht noch in dem Dorf zu bleiben und am nächsten Tag zu ihrem Hauptquartier zurückzukehren. Man sagte ihnen, daß sie die Nacht in dem Buddhatempel verbringen könnten, der zu ihrem Dorf gehörte. Aber man sagte ihnen nicht, daß dieser Tempel in der ganzen Gegend dafür bekannt war, eine Hauptwohnstätte von Dämonen zu sein. Andere, die vor ihnen versucht hatten, in dem Tempel zu übernachten, waren nachweislich entweder noch in der Nacht aus dem Tempel gerannt oder am nächsten Tag tot im Tempel aufgefunden worden.

Eshleman berichtet, daß kurz nachdem das Team zu Bett gegangen war, »alle gleichzeitig aufwachten, weil sie die Gegenwart einer körperlosen Bestie spürten, die sich noch vor ihnen versteckte. Plötzlich erschien ihnen in der Ecke des Tempelraumes das furchterregendste Bild, das sie in ihrem Leben je gesehen hatten. Wie von einer eiskalten Faust niedergestreckt, wurden sie von Furcht gelähmt.«[5]

Der Schreck über die Erscheinung steckte dem Team zwar immer noch in den Knochen, aber sie entschlossen sich, einfach das zu tun, was sie Jesus in ihrem eigenen Film schon so oft tun gesehen hatten. Sie beteten gemeinsam und warfen den Dämon im Namen Jesu mutig aus dem Tempel hinaus. Mehr war nicht nötig, und sie schliefen den Rest der Nacht tief und fest.

Schon früh am nächsten Morgen kamen die Dorfbewohner, um sich die Ausrüstung unseres Teams zu holen. Sie waren sich sicher, daß die Christen diese entweder bei ihrer Flucht vor den Dämonen zurückgelassen hatten oder von diesen umgebracht worden waren. Als sie das Team jedoch tief und fest schlafend im Tempel liegen sahen, »wurden sie mit der unbestreitbaren Tatsache konfrontiert, daß Gott mächtiger ist als jede andere Macht«[6].

Die Grundlage

Eine der Erkenntnisse, die ich in diesem Buch verteidigen will, habe ich folgendermaßen formuliert:

> *Satan hat hochrangige Glieder aus der Hierarchie böser Geister damit beauftragt, alle Nationen, Regionen, Städte, Stämme, Volksgruppen, Wohngegenden und andere für Menschen wichtige soziale Institutionen auf der ganzen Welt unter ihrer Kontrolle zu halten. Ihre Hauptaufgabe besteht darin, alles zu tun, damit Gott in ihrem Herrschaftsbereich nicht verherrlicht wird. Sie erfüllen ihren Auftrag, indem sie die Aktivitäten der ihnen untergebenen Dämonen koordinieren und lenken.*[7]

Es ist unschwer zu erkennen, daß meine damit verbundene Überlegung mit der Antwort auf die Frage steht oder fällt, ob es gerechtfertigt ist, Geister oder dämonische Mächte als Wesenheiten zu betrachten, die Gebiete beherrschen. Ich werde dieser Frage im nächsten Kapitel ausführlich nachgehen. Zuvor muß aber noch eine andere Frage geklärt werden: *Hängen sich Dämonen an spezifische Dinge wie Götzen, Tiere, Häuser oder natürlich vorkommende Gegenstände wie Bäume oder Berge?*

Meine Antwort darauf lautet: »Ja!«

Sowohl Matthäus als auch Markus und Lukas berichten, wie Jesus im Land der Gerasener einen Dämon austrieb, der Legion hieß. Die Dämonen verließen den Mann und fuhren in die Schweine. Ein Beispiel dafür, daß es biblisch außer Frage ist, daß sich Dämonen an Tiere anhängen können.

Nebenbei bemerkt: Als Jesus den Dämon gerade austreiben wollte, geschah es, daß dieser Jesus »anflehte, sie nicht aus dieser Gegend zu verbannen« (Mk 5,10). Warum taten sie das? Anscheinend war es für sie wichtig, im gleichen geographischen Gebiet bleiben zu dürfen, und Jesus kam ihrer Bitte nach und schickte sie in die Schweine. Der argentinische Pastor Eduardo Lorenzo, dessen Gemeinde erfolgreich den Geist über Adrogué vertrieben hatte (vgl. Kapitel 1), hat mir berichtet, daß sie die Erfahrung gemacht haben, daß die Fürsten, die aus den ihnen anvertrauten Gebieten vertrieben werden, fürchterliche Angst vor der Bestrafung haben, die sie von der Seite ihrer geistlichen Vorgesetzten deswegen erwartet, weil sie das Gebiet nicht halten konnten.

Dämonen und Götzen

Im 1. Korintherbrief schreibt Paulus in den Kapiteln 8 bis 10 über die Frage, ob man Götzenopferfleisch essen darf oder nicht. Dies ist eine zentrale Stelle, um die Beziehung verstehen zu können, die zwischen Dämonen und Götzen besteht. Paulus beginnt seine ausführliche Lehre mit der Versicherung, daß »es keine Götzen gibt in der Welt und keinen Gott gibt außer dem einen« (1 Kor 8,4). Später stellt er die rhetorische Frage: »Was meine ich damit? Ist denn Götzenopferfleisch wirklich etwas? Oder ist ein Götze wirklich etwas?« (1 Kor 10,19). Die Antwort darauf lautet: »Natürlich nicht!« Paulus ist der gleichen Meinung wie Jesaja, der sich über die Götzenbildner lustig macht und sagt: »Wer sich einen Gott macht und sich ein Götterbild gießt, hat keinen Nutzen davon« (Jes 44,10) und von dem Toren erzählt, der die Hälfte eines Holzscheites dazu benutzt, sein Fleisch zu rösten und sich aus der anderen Hälfte ein Bildnis schnitzt, »sich vor ihm niederkniet, es verehrt und zu dem er betet und sagt: ›Rette mich, du bist doch mein Gott!‹« (Jes 44,17).

Paulus erklärt den Korinthern auch, daß wir uns immer, bevor wir uns über Götzen oder Dämonen unterhalten, daran erinnern müssen, daß Gott der Herr über alle geschaffenen Wesen ist – inklusive Dämonen und böse Geister. Er zitiert zweimal Psalm 24,1: »Dem Herrn gehört die Erde und was sie erfüllt« (1 Kor 10, 26). Paulus meint dabei aber nicht einen Dualismus, der die Mächte des Guten und die Mächte des Bösen als gleich stark betrachtet. Nein, Satan und alle Dämonen haben nur so viel Macht, wie ihnen von Gott gewährt wird. Das Buch Ijob zeigt so klar, daß ihre Macht an der Macht Gottes zu Ende ist.

Nachdem ich all das gesagt habe, dürfen wir aber nicht den Fehler begehen und uns in gefährliche Positionen bringen, in denen wir angreifbar sind. Denn wir müssen wissen, daß auch reale Gegenstände wie selbstgefertigte Götzen grundsätzlich die Fähigkeit besitzen, unglaublich böse Macht auszuüben. Ich glaube, daß dies der Hintergrund ist, weswegen Gott uns die ersten beiden der Zehn Gebote gegeben hat: »Du sollst neben mir keine anderen Götter haben« und »Du sollst dir kein Gottesbild machen und keine Darstellung von irgend etwas am Himmel droben, auf der Erde unten oder im Wasser unter der Erde« (Ex 20, 3–4). Mit Götzen ist nicht zu spaßen, sie sind auch keine Spiele und schon gar keine Spielsachen. Das Fantasyspiel *Dungeons and Dragons* beispielsweise unterscheidet sich qualitativ von *Scrabble* oder *Schach* ganz gewaltig. Häufig besteht zwischen den dämonischen Wesen und den physischen Objekten eine Beziehung, durch die Schaden angerichtet wird, obwohl die Objekte *in sich* lediglich aus Holz, Metall, Stein, Plastik oder ähnlichem bestehen.

Und genau das versuchte Paulus den Korinthern zu erklären. Denn einige von ihnen hatten sogar Einladungen angenommen, in Götzentempel zu gehen und dort das Fleisch zu essen, das geopfert worden war. Natürlich war es nicht an sich falsch, das Fleisch zu essen. Obwohl Paulus schon seit langem wußte, daß ein Großteil des Fleisches, das öffentlich verkauft wurde, zuvor Götzen geopfert worden war, erlaubte er ihnen solches Fleisch zu essen, auch ohne vorher Nachforschungen über die Herkunft angestellt zu haben (1 Kor 10,25). Aber das Fleisch ist die eine Sache; der Götze, dem das Fleisch geopfert wurde, ist eine ganz andere.

Paulus sagt, daß die Heiden ihr Opfer nicht nur einem bloßen Stück Stein oder Holz darbringen, sondern: das, »was man dort opfert, opfert man nicht Gott, sondern den Dämonen« (1 Kor 10,20). Der Neutestamentler George Ladd sagt in seinem Kommentar über diese Schlüsselstelle, daß »es eine Macht gibt, die mit den Götzen verbunden ist, die aber in den Dämonen lokalisiert ist. Deswegen bedeutet die Anbetung von Götzen, daß man damit indirekt Dämonen ein Opfer bringt.«[8] Leon Morris fährt fort: »Wenn Menschen Götzen ein Opfer bringen, dann kann man nicht sagen, daß diese Handlung neutral sei und keinerlei Bedeutung habe, denn sie haben damit niemand anderem als einem bösen Geist ein Opfer dargebracht.«[9]

Diese Kommentare werfen ein wenig biblisches und wissenschaftliches Licht auf Begebenheiten wie die eines Wasserteufels, der den liberianischen Dschungel herunterrollt und die Begebenheit in einem Buddhatempel, der dafür bekannt war, daß die darin wohnenden Dämonen Eindringlinge umbringen können. Die tatsächlich existierenden Dämonen heften sich sehr wohl an Tiere, Götzen, Messingringe, Bäume, Berge, Gebäude und an jede Anzahl und jede Art von natürlichen oder hergestellten Objekten.

Kommt so etwas auch in den USA vor?

Ich kenne in jedem Teil der Welt befreundete Missionare, und jeder berichtet mir, wie riskant es für ihn war, hier in den USA zu versuchen, in einer Gemeinde über die Erfahrungen zu sprechen, die er mit dem Dämonischen gemacht hat. Dies trifft auf manche kirchlichen Kreise in den USA ganz besonders zu. Die Southern Baptists gehörten traditionell zu den Denominationen, die sich nur sehr zögernd auf die Herausforderungen einließen, die wirksame geistliche Kampfführung mit sich bringt. Ich möchte betonen, daß ich die Southern Baptists an dieser Stelle nicht herausstellen will, um sie zu kritisieren. Ich will ihnen vielmehr dazu gratulieren, daß sie das gehört haben, was der Geist Gottes den Gemeinden sagt. In der Ausgabe von Februar/März 1991 des offiziellen Presseorgans des Vorstandes der Southern Baptists für Auslandsmission, sind bemerkenswert frei und offen geschriebene Artikel über Dämonisierung und den geistlichen Kampf abgedruckt.

Und nachdem Leland Webb zwei ziemlich erschreckende Befreiungsdienste geschildert hatte, die in der Karibik und in Malaysia stattgefunden haben, schreibt er: »Missionare berichten solche und ähnliche Begebenheiten nur sehr selten in ihren baptistischen Heimatgemeinden. Ein Grund dafür ist darin zu suchen, daß diese Berichte außerhalb des Erfahrungshorizontes der meisten amerikanischen Christen liegen.«[10] Danach spricht er das offensichtliche Dilemma an, mit dem alle diejenigen konfrontiert werden, die diese Berichte hören: Wenn so etwas auf dem Missionsfeld geschieht, warum soll es dann nicht auch daheim geschehen können?

Tatsache ist, daß es auch daheim geschieht.

Die heutigen Mennoniten in den USA waren ähnlich wie die Southern Baptists nicht gerade für ihre Offenheit bekannt, die sie dem Thema Dämonen und dämonische Manifestationen entgegenbrachten. Allein diese Tatsache steigert die Glaubwürdigkeit zweier ihrer Anhänger David W. Shenk und Ervin R. Stutzman, die eine Geschichte von dem Ehepaar Richard und Lois Landis berichten, die in New Jersey eine Gemeinde gründen wollten. Eine Familie aus seiner Gemeinde wurde in Angst und Schrecken versetzt, als ihr erwachsener Sohn immer wieder nachts aufwachte und an seinen Schlafzimmerwänden ein mysteriöses Kratzen hörte. Daraufhin ging Pastor Landis einmal in sein Zimmer und stellte fest, daß es mit lüsternen Rock-'n'-Roll-Postern, -Objekten und -Literatur vollgestopft war. Die Familie tat Buße, bekannte die Sünde und warf das Zeug aus dem Haus. »Danach befahlen sie dem bösen Geist, der nachts an den Wänden kratzte im Namen Jesu, daß er für alle Zeiten zu verschwinden habe.« Das Ergebnis dieses einfachen, mit Gebet eingeleiteten Glaubensaktes war, daß »Frieden das Zimmer erfüllte und daß der Heilige Geist auf die kleine Gruppe kam, die sich bei dem jungen Kerl in dessen Schlafzimmer versammelt hatte. Der böse Geist kam nie wieder zurück.«[11]

Geister im Hause Wagner

Wir müssen die Vorstellung von Geistern, die Häuser besetzen, nicht unbedingt von den Missionsfeldern in die USA importieren. Ich selbst kann von Erfahrungen berichten, die ich in meinem eigenen Haus im kalifornischen Altadena mit Geistern gemacht habe.

Im Jahre 1983 war bei meiner Frau Doris und mir zu Hause einmal monatlich eine Fürbittgruppe zu Gast. Eines Abends bemerkten zwei Frauen, die die Gabe der Unterscheidung der Geister hatten, daß sie die Anwesenheit von etwas Bösem spüren konnten, von dem sie glaubten, es in unserem Schlafzimmer lokalisieren zu können. Nicht lange danach war ich wieder einmal dienstlich unterwegs. Aber diesmal wachte Doris plötzlich mitten in der Nacht auf und wurde von großer Furcht ergriffen. Ihr Herz begann wie wild zu schlagen, sie schaute in die andere Ecke unseres Schlafzimmers und sah plötzlich eine dunkle Gestalt, die ungefähr 2,40 Meter groß war und leuchtend grüne Augen und Zähne hatte. Ihre Angst verwandelte sich in Wut, sie wies den Geist im Namen Jesu scharf zurecht, befahl ihm das Zimmer zu verlassen und sich auf keinen Fall in das Zimmer unserer Kinder zu wagen.

Er verschwand.

Einige Wochen später waren wir beide im Bett, als Doris plötzlich durch einen stechenden Krampf in ihrem Bein aufwachte. Ich legte ihr die Hände auf, betete um Heilung und versuchte wieder einzuschlafen. Ungefähr zehn Minuten später fragte ich sie noch einmal, wie es ihrem Bein jetzt ginge. Sie antwortete mir: »Der Schmerz geht nicht weg, und ich glaube, daß es sich um einen Geist handelt.« Dieses Mal wies ich den Geist im Namen Jesu scharf zurecht. Anscheinend gehorchte er, denn der Schmerz war augenblicklich weg und kehrte auch nicht wieder zurück.

Cathy Schaller und George Eckart sind Freunde von uns, die wir in unserer Sonntagsschulklasse in der Lake Avenue Congregational-Gemeinde kennengelernt haben. Sie beteten inbrünstig für Doris und mich, und der Geist Gottes führte sie dazu, in unser Haus zu gehen und dort Kampfgebet zu praktizieren. Als wir eines nachmittags am Fuller Seminary zu tun hatten, gaben wir ihnen unseren Hausschlüssel. Sobald sie aus ihrem Auto gestiegen waren, wußten sie, daß sie sich in einem Kampf befanden, denn eine unsichtbare Macht versuchte sie physisch von dem Hof fernzuhalten, der vor unserer Haustüre liegt! Daraufhin entschlossen sie sich, in die Garage zu gehen, in der sie einige böse Geister ausmachen konnten. Einer war sogar so stark, daß Cathy ihn wirklich riechen konnte. Nachdem sie diese Geister vertrieben hatten, konnten sie ohne weiteres den Innenhof betreten und in unser Haus gelangen. Sie konnten in drei von unseren Zimmern Geister ausmachen. Der stärkste unter ihnen war in unserem Schlafzimmer. In unserem Wohnzimmer spürten sie, daß sich ein Geist an einem Steinpuma festgemacht hatte, den wir aus Bolivien als Andenken an unsere Zeit als Missionare mitgebracht hatten.

Sobald wir wieder daheim waren, zerstörten wir den Puma sowie ein paar animistische Zeremoniemasken, die wir in unserer Dummheit an unsere Wohnzimmerwände gehängt hatten. Als die Fürbittgruppe das nächste Mal zusammenkam, spürten alle, daß sich die Atmosphäre verändert hatte und daß das Haus jetzt geistlich sauber war.

Wagners grünäugiges Monster

Dieses Ereignis war für mich persönlich eine so wichtige Lernerfahrung, daß ich in dem Magazin *Christian Life* einen Artikel darüber schrieb. Ich wußte zu diesem Zeitpunkt noch nicht, daß einige Studenten diesen Artikel im Fuller Seminary aushängen und ihn als Aufhänger für eine zwei Wochen andauernde, lebhafte Debatte an unserem Seminar gebrauchen würden. Viele machten sich über Wagners »grünäugiges Monster« lustig und spotteten sogar darüber. Andere wiederum verteidigten diese Erfahrung, weil sie sich erinnern konnten, daß sie selbst schon ähnliches erlebt hatten. Ein Ergebnis davon war, daß mich der Präsident der Universität in sein Büro kommen ließ und ich dort für mein Verhalten, das eine solche Unruhe verursacht hatte, Rede und Antwort stehen mußte.

Obwohl diese Erfahrung für mich sehr schmerzvoll war, wurde ein Großteil meines Schmerzes durch den Inhalt eines Briefes gelindert, den ich ein paar Wochen später von Irene Warkentin aus Winnipeg erhielt. Sie stellte sich mir als Dozentin und Soziologin mit guten akademischen Referenzen vor. Sie ließ mich wissen, daß sie meinen Artikel in *Christian Life* gelesen hatte und wie wichtig er für sie gewesen war.

Sie schrieb mir, daß ihr fünfjähriger Sohn Kevin schon seit längerer Zeit an schlimmen Beinkrämpfen gelitten hatte, für die es keinerlei medizinische Erklärung gab. Ich hatte in dem Artikel von den Krämpfen berichtet, die Doris gehabt hatte, und diese Krämpfe hatten sie an die Krämpfe ihres kleinen Sohnes erinnert. Sie ging daraufhin in Kevins Schlafzimmer und bat Gott, ihr zu zeigen, was in dem Zimmer nicht in Ordnung war. Sie sagte: »Da war sie – eine Hundestatue, die wir aus einem fremden Land mitgebracht hatten.« Sie spürte ganz genau, wie der Heilige Geist zu ihr sagte, daß sie diese Statue zerstören sollte.

Nachdem sie, wie ich es nennen würde, ein Kampfgebet gesprochen hatte, nahm Irene den Hund mit in die Garage und schlug ihn mit einem Hammer in kleine Stücke. Sie sagt: »Ich war mir bei allem, was bisher geschehen war, nicht so sicher, aber als ich den Hund mit dem Hammer in Stücke schlug, empfand ich nur noch Wut. Ich war so wütend, daß ich mit aller Kraft auf den Hund einschlug!« Dies, würde ich sagen, ist deswegen besonders bedeutsam, weil Irene Warkentin von Natur aus eine sehr ruhige Frau ist. Danach, so berichtet sie, war die Wut plötzlich verschwunden. Und natürlich hatten von da an auch die Krämpfe in Kevins Bein ein Ende.

Was sagen andere dazu?

Ich hatte wegen des Artikels, den ich in *Christian Life* geschrieben hatte, sehr viel Spott ertragen müssen und war dadurch so unsicher geworden, daß ich mich ernsthaft fragte, ob ich nicht vielleicht völlig daneben lag. Also begann ich die Literatur danach zu durchforsten, ob es nicht auch Autoren gäbe, welche dieselbe Meinung vertraten wie ich. Zu meiner Erleichterung fand ich sogar viele, die mit großer Überzeugung behaupteten, daß Dämonen nicht nur prinzipiell in der Lage sind, einzelne Häuser und Objekte in Besitz zu nehmen, sondern daß sie dies tatsächlich tun.

Es machte mir Mut, daß der Anglikaner Michael Harper, ein bekannter britischer Leiter, eine fast ähnliche Erfahrung wie ich hatte. Aus heiterem Himmel wurde er nachts von Schwermut, Angst und ganz besonders von Todesfurcht überfallen. Diese Gedanken und Gefühle waren ihm völlig unbekannt. Als sie immer stärker wurden, begann er sich darüber Gedanken zu machen. Bald darauf wuchs in ihm die Gewißheit, daß das Haus, das sie erst vor kurzem bezogen hatten, »etwas Unannehmliches« an sich hatte. Daraufhin rief er den anglikanischen Benediktinermönch Dom Robert Petipierre an und bat ihn, eine Nacht bei ihm zu übernachten und ein wenig Kampfgebet zu praktizieren. Petipierre »hielt in dem Haus eine Eucharistiefeier und betete in jedem Raum einen Exorzismus«. Michael Harper berichtet nach diesem Ritual, das die anglikanische Kirche für solche Angelegenheiten vorsieht, daß »von jenem Tag an die Atmosphäre im Haus verändert war und daß die Gedanken und Gefühle seither auch nicht mehr aufgetreten sind.«[12]

Eben dieser Dom Robert Petipierre gab den Bericht einer Sonderkommission heraus, die 1972 vom Bischof von Exeter zusammengerufen wurde, um Vorfälle wie den oben genannten zu untersuchen. Der Bischof sagte damals, daß ihn die in der Kirche von England vorherrschende Meinung, »daß Exorzismus als eine Art weiße Magie oder als ein Überbleibsel mittelalterlichen Aberglaubens betrachtet wird«, dazu bewogen habe, die Kommission ins Leben zu rufen. Exorzismus war bis dahin für gewöhnlich als ein Negativum betrachtet worden. Er war darüber besorgt, daß anglikanische Leiter den »positiven Gesichtspunkt des Exorzismus, daß durch ihn nämlich die Grenzen des Reiches Gottes ausgedehnt werden und daß er eine Demonstration der Kraft der Auferstehung ist, die das Böse besiegt und es durch Gutes ersetzt«[13], fast völlig aus dem Blickfeld verloren hatten.

In dem Bericht wurde festgehalten, daß Orte wie Kirchen, Häuser, Städte und Ländereien von verschiedenen Ursachen wie Geistern, dämonischen Einflüssen, Bannflüchen, die von Hexen ausgesprochen wurden, menschlicher Sünde, Poltergeistern und spiritistischen Sitzungen belastet und beeinflußt sein können.[14]

Bekannte christliche Leiter wie Vivienne Stacey berichten darüber, wie sie in Pakistan Dämonen aus Häusern ausgetrieben hat, in denen es spukte.[15] Pastor James Marocco beschreibt die geistliche Unterdrückung, unter der die Hawaii-Insel Molokai litt.[16] Don Crawford berichtet, wie

Geister von einem Baum in Indonesien Besitz ergriffen hatten.[17] Diese Liste könnte beliebig verlängert werden.

Dämonen hinter jedem Busch?

Ich bin mir völlig darüber im klaren, daß sich viele von dem Gedanken beunruhigt fühlen, daß sich Dämonen nicht nur an Gegenstände, Häuser und Gegenden hängen können, sondern dies auch tatsächlich tun. Man hört dann oft die leicht abwehrende Redewendung, daß Leute wie Wagner, Petipierre, Collingridge oder Irene Warkentin »hinter jedem Busch einen Dämon sehen«.

Ich muß an dieser Stelle bemerken, daß mir unter den vielen christlichen Leitern, mit denen ich in Kontakt stehe und die Erfahrung im Befreiungsdienst haben, noch kein einziger begegnet ist, der behauptet, daß hinter jedem Busch ein Dämon sei. Aber wir vertreten trotz alledem die Meinung, daß hinter manchen Büschen tatsächlich Dämonen sind. Und in dem Maß, in dem der Heilige Geist uns mehr Unterscheidungsvermögen dafür schenkt, um welche Büsche und um welche Art dämonischer Heimsuchung es sich dabei handelt, sind wir auch zunehmend in der Lage, im Namen Jesu die Herrschaft über diese Dämonen zu ergreifen und das Gebiet zurückzufordern, das sie unrechtmäßig vom Reich Gottes an sich gerissen haben.

Ich möchte in diesem Buch versuchen, von dieser Art der Unterscheidung Gebrauch zu machen, und ich möchte die Warnung von C. S. Lewis in seinem Buch *Dienstanweisung an einen Unterteufel* ernst nehmen, der folgendes schreibt: »Es gibt zwei Irrtümer über die Teufel, in die das Menschengeschlecht leicht verfällt. Der eine ist, ihre Existenz überhaupt zu leugnen. Der andere besteht darin, an sie zu glauben und sich in übermäßiger Weise mit ihnen zu beschäftigen. Die Teufel selbst freuen sich über beide Irrtümer gleichermaßen. Sie begrüßen den Materialisten sowie den Anhänger der schwarzen Magie mit demselben Vergnügen.«[18]

Kapitel 5

Dämonische Territorialherrschaft – damals und heute

In keinem anderen Buch der Bibel findet man einen Bericht, der die Existenz des strategischen geistlichen Kampfes stärker stützt als in der Offenbarung. Im Verlauf des Geschehens tritt ein mächtiges, dämonisches Wesen auf den Plan, das als Hure bezeichnet wird. Sie ist ein derartig bösartiger und verbissener Feind des Evangeliums, daß sie als betrunken geschildert wird – betrunken vom Blut verfolgter und zu Tode gemarterter Christen.

Dazu ist zu bemerken, daß der Apostel Johannes, der bis zu diesem Stadium der ihm geoffenbarten Vision im Grunde genommen alles gesehen hatte, bei ihrem Anblick von großem Erstaunen ergriffen wurde (Offb 17,6). Sie muß unglaublich furchteinflößend gewesen sein. Diese Hure, wie sie im 17. Kapitel der Offenbarung erwähnt wird, ist höchstwahrscheinlich der einflußreichste territoriale Geist, der überhaupt in der Schrift erwähnt wird. Zuerst einmal hat sie schon mit vielen irdischen politischen Leitern, »Könige der Erde« genannt, in sexueller Beziehung gestanden und ist mit ihnen ein Fleisch geworden.

Wir erfahren jedoch, daß diese obszöne, bösartige Kreatur »an den vielen Gewässern sitzt« (Offb 17,1). Was ist mit diesen vielen Gewässern gemeint? »Du hast die Gewässer gesehen, an denen die Hure sitzt, sie bedeuten Völker und Menschenmassen, Nationen und Sprachen« (Offb 17,15). Hier haben wir einen ausdrücklichen Hinweis auf ein übernatürliches Wesen, das den Gipfel an bösartiger Kontrolle und Macht über die verschiedensten Arten menschlicher sozialer Institutionen erlangt hat. Ich nenne diese Art von Wesen einen territorialen Geist.

Geister und ihre Territorien

Die Vorstellung, daß es Geister gibt, die bestimmten geographischen Gebieten, Kulturkreisen, Nationen, Städten oder wie im Bericht des Bischofs von Exeter zu lesen ist, »Landschaften« zugeteilt sind, hat bislang noch nicht sehr viel Anklang gefunden oder wissenschaftliches Interesse auf sich gezogen. Ich habe mir erst vor kurzem die Mühe gemacht, jedes Buch, das in der Bibliothek des Fuller Seminary im Schlagwortkatalog unter »Angelogie« oder »Dämonologie« aufgeführt ist, daraufhin zu untersuchen, wie viele dieser Autoren das Thema territorialer Dämonen behandelt hatten. Nur fünf der 100 Bücher, die ich in diesem Zusammenhang durchlas, schnitten das Thema wenigstens einmal an, und nur in drei dieser Bücher wurde das Thema kurz – wenn auch nur sehr oberflächlich – behandelt.

Im Verlauf meiner Forschungen fand ich in nicht mehr erhältlichen Büchern, in Zeitschriften, Forschungsberichten und anderen Quellen kurze Artikel und Schriftstücke von verschiedensten Autoren. Ich habe 19 dieser Schriftstücke in dem Buch *Territoriale Mächte* zusammengestellt.

Zum Beispiel Susan Garrett, sie ist Professorin in Yale. Sie geht an das Thema weniger als geistlicher Kämpfer denn als Wissenschaftlerin heran. Sie hat ihre Ergebnisse in dem von mir schon zuvor erwähnten Buch *The Demise of the Devil* festgehalten. Sie sagt, daß die Finsternis wie ein Schleier über der Welt lag, in der das Neue Testament geschrieben wurde. »Die finsteren Regionen sind der Herrschaftsbereich Satans, des Herrschers dieser Welt, der sich seit Urzeiten gut verschanzt und bewacht niedergelassen und die Vielzahl seiner Besitztümer wie Trophäen um sich herum aufgebaut hat. Die Kranken und Besessenen werden von seinen Dämonen gefangengehalten. Aber auch die Heiden stehen unter seiner Herrschaft und geben ihm die Ehre und den Ruhm, der allein Gott gebührt.«[1] Die Heiden werden von ihr nicht nur als spezifische Volksgruppe aufgeführt, sondern sie erläutert in ihrem Buch, daß »Lukas aussagt, daß es ganze Völker gibt, die sich schon seit langem unter der Herrschaft Satans befinden, ihn bereitwillig verehren und seinen Befehlen gehorchen«.[2]

Heutzutage beginnen sich immer mehr Menschen dafür zu interessieren, was das alles im Blick auf Weltevangelisation und soziale Gerechtigkeit bedeutet. Ich glaube, daß es sehr hilfreich sein wird, wenn wir im folgenden einen näheren Blick auf die dämonische Territorialherrschaft werfen, wie sie *damals* zu Zeiten des Alten und des Neuen Testaments gesehen wurde und wie sie *heute* vom Standpunkt der Anthropologen und Missiologen aus betrachtet wird.

Dämonische Gebietsherrschaft im Alten Testament

Es ist offensichtlich, daß durch das ganze Alte Testament hindurch die zu dieser Zeit lebenden Völker der Überzeugung waren, daß Götter, Gottheiten, Geister, die verschiedensten Arten von Engelmächten für ganz bestimmte Territorien zuständig waren. Leider gehörte auch das Land Juda und Israel immer wieder zu ihnen. Ein bekanntes Beispiel dafür ist die glühende Abneigung, die Gott Jahwe gegenüber Kulthöhen hatte. Man kann gar nicht alle Texte aufzählen, in denen Gott den Kindern Israels wie in Numeri 33,52 befiehlt: »Vernichtet alle ihre Götterbilder! Alle ihre aus Metall gegossenen Figuren sollt ihr vernichten und alle ihre Kulthöhen zerstören.« Ich bin schon im letzten Kapitel darauf eingegangen, daß diese Götterbilder, Figuren und Kulthöhen alles andere als harmlose, von Einheimischen gefertigte Kunstwerke waren. Viele waren im wahrsten Sinne des Wortes zu Wohnstätten dämonischer Geister geworden, die später im Neuen Testament Gewalten und Mächte genannt werden.

Immer wieder erfahren wir, daß die Israeliten die Kulthöhen und damit die dämonischen Wesen, die diese Orte besetzt hielten, anbeteten und ihnen dienten, anstatt sie zu zerstören. Und es gibt nur wenige Vorfälle, bei denen der Zorn Gottes als noch größer geschildert wird, als in diesen Fällen. Ahaz war eine dieser Personen, »in jeder einzelnen Stadt Judas baute er Kulthöhen, um anderen Göttern zu opfern. So erzürnte er den Herrn, den Gott seiner Väter« (2 Chr 28,25). Mit welchem Ergebnis? »Sie dienten nur dazu, ihn und ganz Israel zu Fall zu bringen« (2 Chr 28,23). Immer und immer wieder mußte Gott Israel richten und für das bestrafen, was von den Propheten häufig mit geistlichem Ehebruch beschrieben wird. Die Babylonische Gefangenschaft war ein solches Strafgericht Gottes.

Der Pentateuch

Der Pentateuch liefert uns eine der wichtigsten Schriftstellen, um die unsichtbare Gebietsherrschaft verstehen zu können, die Geistwesen ausüben. Diese Schriftstelle gehört zu dem Lied des Mose in Deuteronomium 32,8. Leider bleibt der Sinngehalt dieser Stelle in den meisten englischen Übersetzungen verborgen, die aus dem Hebräischen des masoretischen Textes übersetzt worden sind. In meiner New King James-Übersetzung steht beispielsweise:

»Als der Höchste ihr Erbe an die Nationen verteilte,
Als er die Söhne Adams voneinander schied,
Da setzte er die Grenzen der Völker.
Entsprechend der Zahl der *Kinder Israels*.«

Das Problem liegt an dem Ausdruck »Kinder Israels«, der an sich nur wenig mit Geistern zu tun hat, die über Gebiete herrschen. Aber Bibelwissenschaftler wie F. F. Bruce sagen, daß man heute aufgrund neuer Funde, die man am Toten Meer in Höhle 4 in Qumran gemacht hat, weiß, daß die ungefähr 250 Jahre vor der Geburt Christi entstandene Septuaginta – das ist die griechische Übersetzung des Alten Testamentes aus dem Hebräischen – dem ursprünglichen Text näher kommt als der masoretische. In ihr steht nicht, daß Gott die Grenzen entsprechend der Anzahl der Kinder Israels gesetzt hat, sondern aus ihr erfahren wir, daß Gott sie »*entsprechend der Anzahl der Engel Gottes*« gesetzt hat. Das ist, gelinde ausgedrückt, ein entscheidender Unterschied.

F. F. Bruce schreibt: »Aus dieser Übersetzung folgt, daß die Regierung über die verschiedenen Nationen entsprechend der Anzahl der Engelfürsten aufgeteilt wurde.« Er führt diesen Gedanken im folgenden aus, indem er diese Folgerung auf die Stelle in Daniel 10 überträgt, in der der »Engelfürst von Persien« und der »Engelfürst von Jawan« erwähnt werden. Er verbindet diese Folgerung mit dem Neuen Testament, indem er sagt, daß »an manchen Stellen zumindest einige dieser Engelfürsten als feindlich gesinnte Gewalten und Mächte beschrieben werden – als die ›Beherrscher dieser finsteren Welt‹ aus Epheser 6,12.«[3]

Wenn wir von Mose zurück zu Abraham gehen, bekommen wir einen weiteren Einblick darin, wie im Alten Testament die übernatürliche Gebietsherrschaft gesehen wird. Im Zusammenhang mit seiner Analyse über das geistliche Umfeld von der Stadt Ur im Lande der Chaldäer und dem Volk der Sumerer, aus denen Abraham von Gott weggerufen wurde, weist der Bibelwissenschaftler Don Williams darauf hin, daß die Sumerer von einer »Gesamtheit an Göttern« beherrscht wurden, denen allein sie die Gabe und deswegen auch das Recht auf eine zentralistische Herrschaft zusprachen. Sie glaubten auch, daß allein durch diese Gabe Leben möglich gemacht würde. »An der Spitze dieser Götter-Hierarchie stand ein lokaler Geist mit dem Namen *Enlil*, der in Absprache mit einer Art himmlischer, beratenden Versammlung regierte. »Jede Stadt war das Eigentum ihres jeweiligen Gottes, und ihre Bewohner waren dessen Sklaven.« Abraham war der erste unter ihnen, der verstanden hatte, daß Jahwe der König des gesamten Universums war.[4] Damals begann sich der Unterschied zwischen Gott und den regionalen Göttern und Götzen zu offenbaren.

Die Geschichtsbücher

Israel befand sich fast 900 Jahre vor Christus im Krieg mit den Aramäern. Der aramäische König Ben-Hadad war dabei, die militärische Strategie zu planen. Seine Ratgeber sagten ihm, daß der Gott der Israeliten ein Gott der Berge und der Gott der Aramäer ein Gott der Ebenen sei und daß er aus diesem Grunde in der Ebene mit den Israeliten kämpfen solle (vgl. 1 Kön 20,23). Das beweist, daß die Aramäer der Auffassung waren, daß die herrschenden Geister topographische Macht ausübten. Es gibt weder in dieser Passage noch an einer anderen Stelle im Alten Testament einen Hinweis darauf, der der Auffassung jener widersprechen würde, daß einzelne Geister über ganze Gegenden herrschen. Sie begingen jedoch den fatalen Fehler, den Gott Jahwe einfach als einen unter vielen anderen territorialen Geistern einzuordnen.

Aus diesem Grund berief Jahwe zu jener Zeit einen Propheten, der zu dem damaligen König Ahab von Israel sprechen sollte. Gott sagte durch diesen Propheten: »Weil die Aramäer sagen, daß der Herr ein Gott der Berge und nicht ein Gott der Ebenen sei, gebe ich diese ganze gewaltige Menge in deine Hand; und ihr werdet erkennen, daß ich der Herr bin« (1 Kön 20,28). Nachdem die Schlacht begonnen hatte, stellte sich schon bald heraus, daß es lediglich ein eintägiger Kampf werden sollte! Obwohl sich die Israeliten völlig in der Minderheit befanden, töteten sie an diesem einen Tag vom aramäischen Fußvolk einhunderttausend Mann und demonstrierten dadurch auf dramatische Weise, daß Jahwe sowohl der Herr der Berge als auch der Ebenen und damit der Herr des gesamten Universums war.

Im 2. Buch der Könige finden wir in Kapitel 17 einen der ausführlichsten Berichte, wie man mit dem territorialen Wesen der sogenannten heidnischen Götter umgeht. Das Volk befand sich geistlich in einer sehr schlechten Verfassung. Israel hatte in allen Städten Kulthöhen errichtet (2 Kön 17,9), auf jedem hohen Hügel und unter jedem üppigen Baum Steinmale und Kultpfähle aufgestellt (2 Kön 17,10) und den Zorn des Herrn auf sich gezogen, weil das Volk den Götzen diente, obwohl es der Herr verboten hatte (2 Kön 17,12). Aber damit nicht genug. Sie »beteten das ganze Heer des Himmels an« und dienten dem Baal. Ihre Söhne und Töchter opferten sie dem Gott des Feuers und trieben Wahrsagerei und Zauberei (2 Kön 17,16–17). Gott reagierte darauf mit einschneidenden Maßnahmen, er »verstieß Israel von seinem Angesicht« (2 Kön 17,18). Danach marschierten die Assyrer in ihr Land ein und brachten deportierte Siedler aus vielen anderen Nationen mit sich.

Die neu hinzugezogenen Einwanderer brachten auch ihre Geister mit in das Land und fertigten die dazugehörigen Bilder und Altäre, um diese Geister zu personifizieren. Die Geister hatten bestimmte Namen. Uns wird überliefert, daß sich die Leute aus Babel Bilder *Sukkot-Benots* machten, daß die Ansiedler aus Kuta Bilder von *Nergal* herstellten, daß jene aus Hamat Bilder von *Aschima* schufen, daß die Awiter Bilder des *Nibhas* und des *Tartak* anfertigten und daß die, die aus Sefarwajim gekommen waren, ihre Kinder zur Ehre *Adrammelechs* und *Anammelechs* verbrannten (vgl. 2 Kön 17,29–31). Es steht außer Frage, daß jede Volksgruppe der Ansicht war, daß sie unter der direkten Herrschaft einer ganz bestimmten übernatürlichen Gewalt stand, deren Name und Gewohnheiten sie gut kannten und der sie gehorchten und dienten.

Die Propheten

In einem Wort, das Gott durch den Propheten Jeremia gegen Babylon und das Land der Chaldäer richtet, verkündet er: »Erobert ist Babel, zuschanden ist Bel, zerschmettert Merodach, zuschanden sind seine Götterbilder, zerschmettert seine Götzen« (Jer 50,2–3). Das Wort »Bel« oder »Baal« ist ein allgemeiner Name für »Herr«, bezieht sich in diesem Fall auf *Merodach* und bedeutet damit *Merodach der Herr*. Er war »der Staatsgott Babylons«[5] oder anders formuliert, der ranghöchste territoriale Dämon über der Nation.

Ich habe schon in Kapitel 3 die erhellende Passage aus dem 10. Kapitel des Danielbuches angeführt, in der ganz speziell der »Engelfürst des Perserreiches« und der »Engelfürst von Jawan« mit Namen benannt werden. Es ist nicht erforderlich, an dieser Stelle alle Details noch einmal aufzulisten. Es soll lediglich das Konzept ins Gedächtnis zurückgerufen werden, daß es so etwas wie dämonische Gebietsherrschaft gibt. Die Alttestamentler Keil und Delitzsch kommen zu dem Schluß, daß der »Engelfürst von Persien« tatsächlich der Oberdämon des persischen Königreiches ist. Sie beziehen sich auf ihn als »die übernatürliche geistliche Macht, die hinter den Staatsgöttern steht und den wir treffend als *Schutzgeist* des Königreiches bezeichnen«[6].

Ohne zu sehr ins Detail gehen zu müssen, kann man zusammenfassend sagen, daß ein Großteil des Alten Testaments unter der Annahme geschrieben wurde, daß ganz bestimmte böse Geister über bestimmte geopolitische Gebiete herrschen.

Das Neue Testament

Zu Beginn dieses Kapitels habe ich die Hure aus dem 17. Kapitel der Offenbarung zitiert, die im Neuen Testament das deutlichste Beispiel für einen dämonischen Geist ist, der Nationen und Völker kontrolliert. In ihrer ausführlichen Studie über die Schriften des Evangelisten Lukas kommt Susan Garrett zu dem Ergebnis, daß »Lukas Satan als ein mächtiges Wesen betrachtet, das die Welt unter seiner Kontrolle hält. Er übt mittels Krankheit und dämonischer Besessenheit Macht über Individuen aus. Er steuert ganze Königreiche, deren Bewohner in der Finsternis des Götzendienstes leben, Satan anbeten und ihm Ehre geben, die allein Gott gebührt.«[7] Die Tatsache, daß Satan ganze Reiche in seiner Gewalt hat, geht auch aus dem Angebot hervor, das er Jesus bei dessen Versuchung in der Wüste machte, als er Jesus alle Reiche der Welt zeigte und sagte: »Das alles will ich dir geben, wenn du dich vor mir niederwirfst und mich anbetest« (Mt 4,9).

Fürsten und Gewalten

Seit dem Zweiten Weltkrieg streiten sich die Theologen über die Bedeutung von Epheser 6,12: »Denn wir haben nicht gegen Menschen aus Fleisch und Blut zu kämpfen, sondern gegen die Fürsten und Gewalten ...« Wie stehen geistliche Fürsten und Gewalten mit dem alltäglich anzutreffenden Fleisch und Blut wie beispielsweise Nationen oder menschlichen Regierungen im Kontakt? Ist es möglich, daß es tatsächlich geistliche Kräfte gibt, die menschliche Angelegenheiten lenken?

Obwohl auch mir noch immer nicht ganz klar ist, welcher Natur diese geistlichen Kräfte sind, so scheint doch sicher zu sein, daß es etwas Böses gibt, das durch die Gesellschaft als Ganzes wirkt und das mit der menschlichen Natur – egal als wie verdorben man sie betrachtet – oder mit der Anwendung soziologischer Prinzipien nicht ausreichend erklärt werden kann. Zum Beispiel macht der schon erwähnte Walter Wink geltend, daß die ersten Christen der Auffassung waren, daß »jede Nation und Sprachgruppe, jeder Stamm und jedes Volk von einer geistlichen Macht geführt«[8] wurde. Auch Deuteronomium 32,8–9 und Daniel 10 stehen dafür und sind seiner Meinung nach »das ganzheitlichste Bild von diesen Mächten und den Nationen, das überhaupt in der Bibel zu finden ist.«[9] Obwohl er den Begriff »Kampfgebet« nicht gebraucht, hält auch er das Gebet für unsere wichtigste geistliche Waffe. Er bestätigt, daß »die Tatsache, daß sich diese Mächte dem Willen Gottes widersetzen, ein neues Element im Gebet ist und ganz fundamental mit der alten Vorstellung bricht, daß Gott die Ursache von allem sei, was geschieht ... Das Gebet verändert uns, aber es schafft auch Gott Möglichkeiten.«[10] Seine Aussage, daß »den Fürbittern die Geschichte gehört«[11], ist schon lange ein Allgemeingut. Ronald J. Sider vom Eastern Baptist Seminary ist der Meinung, daß diese Mächte »*sowohl* den soziopolitischen Strukturen der menschlichen Gesellschaft *als auch* den unsichtbaren geistlichen Kräften« zuzuschreiben sind, »die hinter den soziopolitischen Strukturen liegen und dabei mithelfen, diese auf irgendeine ... Art und Weise zu formen und zu prägen.«[12]

Obwohl ich die Arbeiten dieser Leute hochachte, und obwohl sie mein Anliegen mittragen, die unsichtbaren Mächte zu entlarven, die hinter den sichtbaren Strukturen stehen, so muß ich an dieser Stelle dennoch klarstellen, daß es sich bei diesen Fürsten und Gewalten – um es einmal ganz präzise zu formulieren – ganz einfach um böse Geister oder Dämonen handelt. Ich bin der gleichen Auffassung wie Leon Morris, der die Meinung vertritt, daß wir die paulinische Auffassung über das Erlösungswerk Christi so lange nicht ganz verstehen können, »bis wir es auf dem Hintergrund all des Bösen und der Sinnlosigkeit in dieser Welt betrachten – auf dem Hintergrund einer Welt, die voll von bösen Geistern als auch von sündigen Menschen ist.«[13]

In meiner Denkweise sind diese Strukturen nur eine sichtbare Form, die von den unsichtbaren dämonischen Kräften ebenso für ihre dämonischen Absichten gebraucht werden können, wie es die Dämonen mit Götzen tun, die auch nur aus einem Stück Holz oder Stein bestehen. Ein dämonisierter Mensch ist nicht eine in sich dämonische Person. Er ist vielmehr das Opfer einer mächtigen, dämonischen Kraft. Mit sozialen Strukturen verhält es sich nicht anders. Sie sind nicht in sich dämonischer Natur, aber sie unterstehen ganz zwangsläufig dem Fürsten dieser Welt und seinem System.

Artemis von Ephesus

Manche würden sich darüber streiten, ob bei dem Aufeinanderprall von Paulus mit dem Zauberer Bar-Jesus oder Elymas auf Zypern auch ein böser Geist verwickelt war. Aber ein solcher Geist wird nicht erwähnt, und es gibt weder Einzelheiten in dem Text, die eine solche Schlußfolgerung unterstützen, noch solche, die sie widerlegen würden (Apg 13,6–12). Dies ist auch der Fall, als Paulus aus der Magd in Philippi den Wahrsagegeist austrieb (Apg 16,16–24). Obwohl es naheliegt, kann ich nicht zwingend beweisen, daß es sich in ihrem Fall um einen territorialen Geist gehandelt hat.

Der Bericht von dem Dienst, den Paulus in Ephesus tat, ist jedoch anders. Hier ist der Name des beherrschenden Geistes sehr wohl bekannt, Diana (ihr römischer Name) oder Artemis (ihr griechischer Name) von Ephesus. Clinton E. Arnold lehrt an der Talbot School of Theology und ist ein Neutestamentler, der sich auf den Epheserbrief spezialisiert hat. Er kann uns dabei helfen, den geistlichen Kampf zu erkennen, mit dem der ganze Brief in engem Zusammenhang steht. Er beklagt sich zum einen darüber, daß »nur sehr wenige Neutestamentler dem Artemiskult die angemessene Bedeutung zuweisen, die er nun einmal für die Epheser hat, und daß zum anderen die für die Lehre über die feindlichen ›Gewalten‹ erhebliche Bedeutung des Artemiskultes in Ephesus noch viel weniger gesehen wird«[14]. Er empfindet den Versuch, die Mächte und Gewalten im Epheserbrief isoliert von dem Artemiskult verstehen zu wollen, als Fehler.

Einer der Gründe, weswegen ich Arnold Recht gebe, liegt darin, daß die politischen Führer der Stadt Ephesus durch den Dienst des Paulus deswegen wütend wurden, weil sie befürchteten, das Heiligtum der Göttin Diana stünde in der Gefahr, verachtet zu werden. Sie hatten sogar Angst, daß die Göttin Diana selbst ihre Hoheit verlieren könnte (Apg 19,27). Sie prahlten damit, daß sie »von der ganzen Provinz Asien und von der ganzen Welt« verehrt wird (Apg 19,27). Der Stadtschreiber verkündete: »Wer wüßte nicht, daß die Stadt der Epheser die Tempelhüterin der großen Artemis und ihres vom Himmel gefallenen Bildes ist?« (Apg 19,35). Clinton Arnolds geschichtliche Nachforschungen haben ergeben, daß Artemis in Kolossai, Laodizäa, Hierapolis und in ganz Kleinasien verehrt wurde.

Ihre Macht war unbeschreiblich groß. Arnold sagt: »Die unübertreffliche, kosmische Macht, die der Artemis von Ephesus zugeschrieben wurde, gehörte zu ihren unbestrittenen Kennzeichen.« Er schreibt, daß sie aufgrund ihrer übernatürlichen Kräfte »zwischen ihre Anhänger und das grausame Schicksal treten konnte, das diese immer wieder quälte«. Sie nannten sie »Retterin«, »Herrin« und »Königin des Kosmos«. Sie trug die Tierkreiszeichen um ihren Hals und »besaß mehr Autorität und Macht als das astrologisch vorherbestimmte Schicksal«.[15] Ich glaube, daß wir nicht zu weit von der Wahrheit entfernt liegen, wenn wir die Artemis von Ephesus als einen territorialen Geist betrachten und die Möglichkeit ins Auge fassen, daß die Evangelisierung des von ihr beherrschten Gebietes stark mit der Schwächung ihrer Herrschaft zu tun hatte. »So wuchs das Wort des Herrn« in Ephesus »mit Macht und wurde stark« (Apg 19,20). Dort entstand nicht nur eine starke Gemeinde, sondern Ephesus wurde ein Evangelisationszentrum, von wo aus die ganze Region, »alle Bewohner der Provinz Asiens, Juden wie Griechen, das Wort des Herrn hörten« (Apg 19,10).

Es gibt auch noch außerhalb der Zeit, in der die Bibel geschrieben wurde, Quellen, aus denen die Einstellung der frühen Christen gegenüber der Artemis hervorgeht. Arnold zitiert dazu aus der sogenannten *Apostelgeschichte des Andreas*, in der von einer ganzen Ansammlung von Dämonen berichtet wird, die sich in einem Felsen neben der Artemisstatue niedergelassen hatten.[16]

Ramsay MacMullen lehrt an der Yale Universität Geschichte, und er ist der Meinung, daß der größte Teil der Christianisierung des Römischen Reiches durch den Aufeinanderprall der Mächte des Christentums auf die bis dahin herrschenden dämonischen Mächte zustande gekommen ist. Er erzählt die Geschichte von einem solchen Aufeinanderprall der Mächte, die in der ebenfalls außerbiblischen *Apostelgeschichte des Johannes* festgehalten ist und in den auch die Artemis von Ephesus verwickelt war. Vermutlich ist der Apostel Johannes, im Gegensatz zu dem Apostel Paulus, in den Artemistempel selbst hineingegangen, um dort strategische geistliche Kampfführung zu praktizieren. Es wird berichtet, daß er dabei das folgende Gebet gebetet hat: »Oh Gott ... vor dessen Name jeder Götze, jeder Dämon und jede unreine Macht die Flucht ergreift, schlage nun bitte den hier anwesenden Dämon in deinem Namen in die Flucht.« Die Geschichte geht damit weiter, daß in jenem Moment der Altar der Artemis in tausend Stücke zerbarst und die Hälfte des Tempels in sich zusammenbrach![17]

Die Geschichte liefert uns Anhaltspunkte dafür, daß sich dieses Ereignis direkt auf die Evangelisation auswirkte. In der *Apostelgeschichte des Johannes* ist nachzulesen, daß die Bewohner von Ephesus nach diesem von Johannes geführten Aufeinanderprall der Mächte sagten: »Deine unglaublichen Taten haben uns jetzt bekehrt.« Clinton Arnolds Studien bestätigen, daß »der Untergang des Kultes um die Artemis von Ephesus letztendlich auf den Einfluß und die Ausbreitung des Christentums zurückzuführen ist«[18].

Dämonische Gebietsansprüche aus anthropologischer Sicht

Das Gebiet der Kulturanthropologie – das ist die Wissenschaft vom Menschen und seiner Entwicklung unter besonderer Berücksichtigung der Kulturbildung – hat sich in diesem Jahrhundert sehr stark weiterentwickelt. Aber im Verlauf dieser Entwicklung erkennen immer mehr christliche wie nichtchristliche Sozialwissenschaftler, daß es unmöglich ist, den Lebensstil, die Werte und die Verhaltensmuster von großen Teilen der Weltbevölkerung zu verstehen, wenn man sich nicht auf die Bedingungen einläßt, die durch deren – vom Raum des Übernatürlichen geprägten – Weltanschauungen vorgegeben sind. Der am Fuller Seminary dozierende Anthropologe Charles H. Kraft hat mit seinem bemerkenswerten Buch *Christianity with Power* (Abschied vom aufgeklärten Christentum, W. Simson Verlag, Lörrach) sehr dazu beigetragen, daß wir dies verstehen können.

Kraft führt darin wie viele andere vor ihm an, daß wir Bewohner der westlichen Hemisphäre die Welt zuerst in die Bereiche des »Natürlichen« und des »Übernatürlichen« aufteilen und im nächsten Schritt den Bereich des »Übernatürlichen« außer acht lassen. Er sagt, daß wir selbst als Christen »behaupten, daß wir davon ausgehen, daß Gott in unserem täglichen Leben miteinbezogen ist. Und dennoch bauen wir unser Denken und Verhalten auf den fast gleichen Denkvoraussetzungen auf, wie unsere nichtchristlichen Nachbarn und Freunde.«[19] Dies führt dazu, daß manche Christen entgegen ihres eigenen Glaubenwollens die große Mehrheit der Weltbevölkerung kaum noch verstehen können, für die das Übernatürliche zum festen Bestandteil ihres Lebens gehört.

Jacob Loewen ist sowohl Anthropologe als auch ein Berater für Bibelübersetzungen. Für ihn ist es eindeutig, daß das Alte Testament davon ausgeht, daß dämonische Geister, die auch oft »Götter« genannt werden, ganz bestimmte Gebiete beherrschen. Unter anderem zitiert er den Propheten Hosea, der Israel kontinuierlich dafür tadelte, daß es wie die Heiden, Jahweh lediglich als einen territorialen Geist anstatt als Herrn des gesamten Universums betrachtete. Dann fährt er fort: »Die Situation, die in Hosea beschrieben wird, ähnelt sehr der soeben für Afrika beschriebenen Situation. Denn auch dort fühlten sich die Eroberer dazu verpflichtet, die Götter der Eroberten anzunehmen, weil die Gottheiten der letztgenannten das Land kontrollierten.«[20]

Loewen berichtet, daß man in Zentral- und Südamerika glaubt, daß geographische oder topographische Phänomene »Geistern gehören«. Umherziehende Indianer ziehen niemals von einem Territorium in ein anderes, ohne sich dafür zuvor von dem Geist die Erlaubnis zu verschaffen, der über die Gegend herrscht, in die sie hineinziehen wollen. Loewen sagt: »Das Land gehört niemals den Leuten, sie machen nur von dem Land Gebrauch, weil die wahren, geistlichen Besitzer dieses Landes ihnen die Erlaubnis dafür gegeben und sie in einem gewissen Sinne ›adoptiert‹ haben.«[21]

Als der Anthropologe David Lan mit seinen Forschungsarbeiten über den Guerillakampf in Zimbabwe begann, stellte er schon sehr bald fest, daß dieser in einem engen Zusammenhang mit spiritistischen Medien stand, durch welche Geister redeten. Jedes dieser Medien war von dem *mhondoro,* angeblich dem Geist der toten Führer, besessen. Er fand heraus, daß man glaubt, daß jeder einzelne dieser *mhondoro* »ein ganz genau abgegrenztes Gebiet beherrscht, von dem man annimmt, daß er dieses Gebiet zu seinen Lebzeiten entweder erobert oder übertragen bekommen hat«. Er bezeichnet sie als »Geistprovinzen«. Er schreibt, daß »jeder Quadratzentimeter« des von ihm untersuchten Gebietes »zu einer ganz bestimmten Geistprovinz gehört«.[22]

Dämonische Gebietsherrschaft im Süden Mexikos

Vernon J. Sterk hat mit der Reformed Church of America (Reformierte Kirche von Amerika) über 20 Jahre unter den Tzotzil-Indianern im Süden Mexikos gedient. Von ihm stammt eine der besten Fallstudien über Dämonenherrschaft in einem Missionsgebiet. Er berichtet, daß jeder Tzotzilstamm die spezifischen Stammesgottheiten namentlich unterscheiden kann. Sie kennen auch die Namen der bösen Geister, denen man die verschiedensten bösartigen Aktivitäten zuschreibt. Sie wissen beispielsweise, daß *Yajval Balamil* der Herr über Krankheit ist, daß *Poslom* nachts Leute anfällt und bei ihnen Schwellungen verursacht und daß *J'ic'aletic* der Geist von Räubern und Plünderern ist.[23]

Sterk sagt, daß sowohl den bösen Geistern als auch den Schutzgeistern der Tzotzil »bestimmte Gebiete zugewiesen sind, über die sie zur Herrschaft ermächtigt sind«, und er beobachtet, daß »die Macht eines jeden dieser Geister regional beschränkt ist, obwohl die Reichweite der bösen Geister größer zu sein scheint als die der Schutzgeister oder die der Geister der verstorbenen Ahnen«[24].

Wenn der Geist, der über einem bestimmten Gebiet herrscht, sehr mächtig ist, dann haben neubekehrte Christen oft keine andere Wahl, als dieses Gebiet zu verlassen. Viele Tzotzil-Indianer würden das Gebiet, in dem sie wohnen, niemals verlassen, weil sie befürchten, daß ihr Schutzgeist mit ihnen nicht mitziehen kann.

Vernon Sterk ist einer von zahlreichen aufmerksamen Missionaren, die endlich mehr und mehr erkennen, daß der eigentliche Kampf um die Evangelisation des Gebietes, in dem sie ihren Dienst tun, geistlicher Natur ist. Obwohl er es bedauert, daß er niemals in systematischer geistlicher Kampfführung ausgebildet worden ist, schaut er nicht klagend in die Vergangenheit, sondern blickt erwartungsvoll in die Zukunft, weil er glaubt, daß die geistliche Ernte unter den Tzotzil durch Kampfgebet spürbar größer ausfallen wird.

Er spricht für viele von uns, wenn er ehrlich eingesteht: »Ich würde an dieser Stelle gerne berichten, daß wir im Namen Jesu die Herrschaft über diese Geister ergriffen haben und daß die Resultate phantastisch sind. Aber weder wir als Missionare noch die vertriebenen Christen aus Zinacanteco haben je über die Möglichkeit nachgedacht, daß es eigene territoriale Mächte gibt. Bisher haben wir lediglich ein paar allgemein gehaltene Gebete gegen die Macht Satans in Nabenchauc gebetet, und das Wachstum der Gemeinden ging im großen und ganzen nur langsam und zäh voran.«[25]

Mein Wunsch ist, daß Vernon Sterk und mit ihm tausende weiterer Missionare und Evangelisten, deren Herz für Weltevangelisation schlägt, lernen, Kampfgebet auf eine Art und Weise zu praktizieren, durch die sich das Reich Gottes auf der ganzen Welt nachweislich stärker ausbreitet.

Kapitel 6

Die Ausbildung der Kämpfer

Wenn junge Leute als Soldaten in gewisse Spezialeinheiten eintreten, dann kommen sie zuerst in ein Ausbildungslager. Dort bekommen sie eine intensive Grundausbildung, die darauf zielt, ihnen den Übergang vom zivilen Leben in den Alltag des Militärs zu erleichtern. Das Hauptziel dieser Grundausbildung besteht darin, bei den jungen Elitesoldaten einen Charakter zu entwickeln, der sie befähigt, den Belastungen kritischer Kampfsituationen standzuhalten. Dies wird hauptsächlich durch zermürbende körperliche Übungen erreicht, die sowohl die Muskulatur als auch die Widerstandskraft aufbauen. Aber noch weit wichtiger ist die psychologische Konditionierung. Nur so ist gewährleistet, daß jeder dieser Elitesoldaten an den Auftrag seiner Eliteeinheit glaubt, Mut und Selbstdisziplin entwickelt und völlig darauf vorbereitet ist, sich Autorität unterzuordnen und jedem Befehl bedingungslos zu gehorchen.

Die Elitesoldaten wären ohne das Trainingslager, in dem sie diese Grundausbildung bekommen, nie in der Lage, einen Kampf, geschweige denn einen ganzen Krieg zu gewinnen.

Das geistliche Trainingslager

Dies gilt auch für Christen, die geistliche Kampfführung praktizieren wollen. Viel zu viele Christen stürzen sich in das Getümmel, ohne sich zuvor die Tugenden anzuerziehen, die für die Ausbildung eines guten Kämpfers unerläßlich sind. Man ist nur in dem Maß vor ernstlichen persönlichen Angriffen geschützt, in dem man sich dieser Ausbildung nach dem Wort Gottes unterworfen hat. Und in dem Maß, in dem man es versäumt hat, sich diese Tugenden anzueignen, riskiert man, den Leib Christi in Verruf zu bringen.

Im geistlichen Kampf bewegt man sich gleichzeitig in zwei verschiedene Richtungen: nach oben und nach außen. Manche beschreiben diese beiden Richtungen auch mit Gott-wärts und Satan-wärts. S. D. Gordon schreibt in seinem um die letzte Jahrhundertwende geschriebenen und mittlerweile zu einem christlichen Klassiker gewordenen Buch *Quiet Talks on Prayer*, daß »am Gebet drei beteiligt sind«. Erstens ist Gott, zu dem wir beten, daran beteiligt. Weiterhin ist die Person, die betet, am Gebet beteiligt und drittens ist der Böse, gegen den wir beten, von dem Gebet betroffen. »Das Ziel von Gebet«, so Gordon, liegt nicht darin, Gott zu überreden oder zu überzeugen, sondern darin, sich mit ihm zusammenzutun und gemeinsam den Feind zu bekämpfen.« Es ist äußerst wichtig, daß wir uns im Gebet mit Gott gegen Satan verbünden. »Die eigentliche Schlagrichtung ist nicht Gott-wärts, sondern Satan-wärts«, schreibt Gordon.[1]

Wir dürfen aber niemals aus den Augen verlieren, daß wir, obwohl wir bei der geistlichen Kampfführung mit Gott gemeinsam den Feind besiegen, nicht aus uns heraus die Macht dazu besitzen. »Nicht durch Heer, nicht durch Macht, sondern durch meinen Geist, sagt der Herr der Heerscharen« (Sach 4,6). Dahinter steckt das Prinzip, daß es äußerst gefährlich ist, sich, ohne sich vorher genügend hoch nach oben bewegt zu haben, zu weit nach außen zu bewegen. Mit dem »sich nach oben bewegen« ist das geistliche Trainingslager gemeint, und mit dem »sich nach außen bewegen« geistliche Kampfführung. Genau wie bei den Elitesoldaten, kann die Schlacht unmöglich gewonnen werden, wenn man nicht zuvor durch ein Ausbildungslager geht.

Ich empfinde es als hilfreich, das soeben Gesagte durch ein einfaches Diagramm zu veranschaulichen. Ich habe die nach oben und die nach außen gerichtete Skala völlig willkürlich von 1 – 10 numeriert. Obwohl diese Zahlen sehr subjektiv sind, kann ich Ihnen diesen guten Rat geben! Versichern Sie sich dessen, daß Sie sich, solange Sie geistliche Kampfführung betreiben, immer höher auf der nach oben gerichteten Skala befinden, als Sie sich auf dem nach rechts gerichteten Ast befinden.

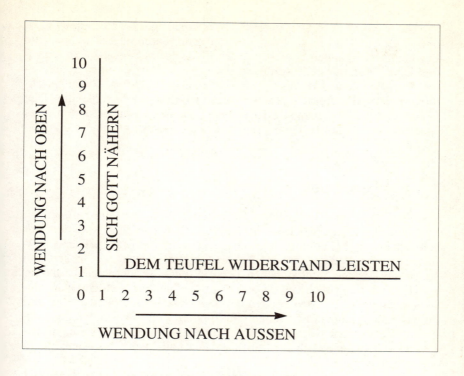

In diesem Kapitel geht es um die nach oben gerichtete Achse des Diagramms, um unsere persönliche geistliche Grundausbildung. Der folgende Teil des Buches wird näher auf unseren Schlachtplan und darauf, was es bedeutet, sich gegen den Bösen zu bewegen, eingehen. Aber die Reihenfolge kann nicht geändert werden. Zuerst müssen wir uns die Richtung betrachten, die zu Gott hin zeigt.

Jakobus sagt uns, wie es geht

Wenn man die Beziehung zwischen dem Nach-oben-gehen und dem Nach-unten-gehen verstehen will, dann sind die Verse 7 und 8 im 4. Kapitel des Jakobusbriefes ein zentraler Text:

> »Ordnet euch also Gott unter, leistet dem Teufel Widerstand; dann wird er von euch fliehen. Sucht die Nähe Gottes; dann wird er sich euch nähern. Reinigt die Hände, ihr Sünder, läutert euer Herz, ihr Menschen mit zwei Seelen!«

Das »Ordnet euch Gott unter« in Vers 7 bedeutet die Beziehung nach oben oder zu Gott hin, und mit »Leistet dem Teufel Widerstand« ist die Beziehung nach außen oder gegen den Teufel gemeint. Indem in Vers 8 drei Dinge herausgestellt werden, die wir tun müssen, um dem Teufel erfolgreich Widerstand zu leisten, veranschaulicht er das nach oben gerichtete Handeln. Die drei Dinge sind: (1) uns Gott unterordnen; (2) die Nähe Gottes suchen; (3) unsere Hände reinigen und unsere Herzen läutern. Dies sind die drei wichtigen Dinge, die zu einer geistlichen Grundausbildung gehören.

1. Ordnet euch Gott unter

Wir leben heute in einer liberalen Gesellschaft, in der fast alles erlaubt ist. Die meisten Eltern wuchsen in Familien auf, die ihre Funktion nur schlecht erfüllten, Familien, in denen sie nie erfuhren, was es bedeutet, einen liebenden Vater zu haben, der der Familie vorsteht, sie schützt und für sie sorgt, einen Vater zu haben, der von seinen Kindern geliebt und respektiert wird und auch Gehorsam erwartet. Nicht nur Nichtchristen, sondern auch einige Christen können mit dem Gebot »Ehre deinen Vater und deine Mutter« und der Ermahnung im Epheserbrief: »Ihr Kinder, gehorcht euren Eltern, wie es vor dem Herrn recht ist« (Eph 6,1) nur wenig anfangen. Und heutzutage scheint Rebellion eine beliebtere Geisteshaltung zu sein als Loyalität.

Christen, die sich niemals aus freien Stücken einem natürlichen Vater untergeordnet haben, haben von Zeit zu Zeit große Schwierigkeiten damit, sich ihrem himmlischen Vater unterzuordnen. Sie suchen die Liebe Gottes, seine Güte, sie wollen, daß er sie heilt und daß er ihnen vergibt, aber sie wollen nichts davon wissen, daß Gott auch Gehorsam und Hingabe von ihnen verlangt. Sie haben noch nicht in der ganzen Tragweite begriffen, daß »Jesus der Herr ist«. Im ersten Jahrhundert, zu der Zeit, in der das Neue Testament geschrieben wurde, war jedermann völlig klar, daß man einem Herrn bedingungslos zu gehorchen hat. Christen, die nicht dazu bereit sind, Gott bedingungslos zu gehorchen, sind genausowenig für geistliche Kampfführung zu gebrauchen wie Elitesoldaten, die ihren Kommandanten nicht gehorchen.

Wenn es um Gehorsam geht, gebraucht die Bibel eine sehr eindeutige Sprache. Woher wissen wir, daß wir Gott erkannt haben? »Wenn wir seine Gebote halten, erkennen wir, daß wir ihn erkannt haben« (1 Joh 2,3). Vielleicht wäre es vielen Gläubigen von heute lieber, aber der falsche Gedanke, Gott auf der einen Seite lieben zu können und sich ihm auf der anderen Seite nicht automatisch auch als Herrn unterordnen zu müssen, ist mit dem Neuen Testament unvereinbar. In ihm steht ganz unmißverständlich: »Denn die Liebe zu Gott besteht darin, daß wir seine Gebote halten« (1 Joh 5,3).

Die erste Lektion, die wir in unserer geistlichen Grundausbildung zu lernen haben, ist die, daß wir uns Gott unterordnen wollen.

2. Sucht die Nähe Gottes

Die zweite Lektion ist zu lernen, die Nähe Gottes zu suchen. Damit ist unser persönliches Gebetsleben angesprochen. Die Bandbreite des Themas Gebet beinhaltet viele außerordentlich wichtige Aspekte. Aber kein Gebiet ist für einen Christen, der siegreich geistliche Kampfführung betreiben möchte, wichtiger als sein Gebet.

Weswegen ist mein Gebet so ungeheuer wichtig?

Unser persönliches Gebetsleben ist das wichtigste Barometer, an dem wir die Qualität unserer Beziehung zu Gott messen können. Ich bin mit John Wimber einer Meinung, wenn er sagt, daß »es zu den höchsten Zielen im Leben eines Christen gehört, mit Gott im Gebet eine enge und vertrauensvolle Beziehung zu erleben.« Jesus ist unser Vorbild. Die Welt wußte, daß Jesus glaubwürdig war, denn Jesus tat nur das, was er den Vater tun sah (Joh 5,19). Wimber stellt die Frage: »Warum ist es unser Ziel, mit Gott eine enge und vertrauensvolle Beziehung aufzubauen?« Seine Antwort lautet, daß wir nur dann, wenn wir mit dem Vater eine enge Beziehung aufrechterhalten, »Vergebung erfahren, Erneuerung erleben und die Kraft für ein rechtschaffenes Leben bekommen. Wir können nur dann Gottes Stimme hören, seinen Willen kennen und sein Herz verstehen, wenn wir in einer engen und vertrauensvollen Beziehung mit ihm stehen.«[2]

Ganz gleich ob es uns paßt oder nicht, es erfordert Zeit, wenn man Gott suchen und ihm nahekommen will. Wenn wir zum Beten motiviert sind und dieses Vorhaben in die Tat umsetzen wollen, dann besteht die erste und wichtigste selbstdisziplinarische Maßnahme darin, daß wir uns gewisse Zeiträume dafür freihalten. Sobald Sie die Zeit geplant haben, kommt eine Art Parkinsonsches Gesetz ins Spiel, was häufig zu dem Ergebnis führen wird, daß Sie die Ihnen zur Verfügung stehende Zeit dann auch tatsächlich im Gebet verbringen. Diejenigen, die sich für das Gebet keine Zeit nehmen – und insbesondere diejenigen, die ihre Nachlässigkeit mit der Ausrede »Ich bete ohne Unterlaß« rechtfertigen – enden für gewöhnlich damit, daß sie nur sehr wenig beten.

Viele widmen dem Gebet deswegen sehr wenig Zeit, weil sie wenig Freude daran haben. Meine Tochter Ruth hat es immer gehaßt, wenn sie zu Hause den Abwasch machen mußte. Und ich mußte im Verlauf der Jahre immer wieder schmunzelnd beobachten, daß sie ausnahmslos immer dann unbedingt Zeit brauchte, als wir mit dem Essen fertig waren. Weil sie so ungern Teller spülte, fand sich immer Dringenderes, das sie unbedingt erledigen mußte.

Im Blick auf das Gebet haben manche Christen die gleiche Einstellung. Sie haben anscheinend immer etwas Wichtigeres zu tun. Man hat für das Gebet deswegen so wenig Zeit, weil einem andere Dinge wichtiger sind. Manche sagen sogar, daß »Gebet harte Arbeit ist«. Ich kann das kaum verstehen, denn das Wesen des Gebets besteht doch eigentlich darin, daß man in ihm die enge und vertrauensvolle Beziehung mit dem Vater lebt. Das ist, als wenn ich sagen würde: »Es ist anstrengend, mit meiner Frau Doris Zeit zu verbringen.« So etwas würde ich aus zwei Gründen niemals sagen. Erstens ist es nicht anstrengend, sondern macht mir Freude. Und zweitens würde sie es als Mißachtung auffassen, und sie hätte damit recht. Könnte es sein, daß Gott eine solche Haltung vielleicht auch als Mißachtung empfindet?

Freude am Gebet

Was kann man tun, damit einem das eigene Gebet mehr Freude bereitet?
Ich möchte an dieser Stelle kurz fünf Prinzipien nennen, die Ihnen dabei helfen, wenn Sie sich mehr Freude am Gebet wünschen.

1. *Der Ort:* Suchen Sie sich für Ihre regelmäßigen Gebetszeiten einen bequemen und ruhigen Ort aus. Eine angenehme und Ihnen vertraute Umgebung ist eine große Hilfe, um schneller und natürlich in eine Haltung zu kommen, in der Sie gut beten können. Eine Tasse Kaffee oder ein Glas Saft kann auch zu Ihrer Entspannung beitragen. Es ist wirklich nicht falsch, wenn man sich beim Beten wohl fühlt.
2. *Die Zeit*: Ich halte wie Larry Lea eine Gebetszeit von täglich einer Stunde für ein vernünftiges langfristiges Ziel. Ich weiß, daß dies für viele ein Lebensziel bleiben wird, das sie vielleicht nie über einen längeren Zeitraum hinweg halten werden. Wenn Sie von Null anfangen, dann rate ich Ihnen, sich kurzfristige Ziele zu setzen und zu planen, die Gebetszeit Schritt für Schritt länger werden zu lassen. Wenn es Ihnen zu anspruchsvoll erscheint, dann beginnen Sie doch zuerst mit fünf Minuten und dehnen diese dann auf zehn Minuten aus. Meiner Meinung nach ist eine fünfminütige Gebetszeit täglich viel wertvoller, als wenn Sie alle drei Tage einmal fünfzehn Minuten beten. Aber wenn Sie geistliche Kampfführung praktizieren wollen, dann sind beide Zeiten viel zu kurz.
3. *Die Einstellung:* Konzentrieren Sie sich darauf, daß Sie in Ihrer Gebetszeit Ihre persönliche Beziehung mit Gott pflegen. Ich finde es

schön, was Pastor John Bisagno dazu sagt: »Gebet ist ein Gespräch, ein Einswerden, ein Sichvermischen von zwei Persönlichkeiten. Gott redet mit mir und ich rede mit ihm.« Weil viele von uns nicht daran gewöhnt sind, Gottes Stimme zu hören, wird es etwas Mühe, aber auch Erfahrung erfordern, bevor wir das gleiche auch von uns sagen können. Bisagno sagt: »Auf Gott zu warten hat nichts damit zu tun, auf abstrakte Weise Zeit verstreichen zu lassen, sondern ist ohne Frage eine geistliche Übung, während der, nachdem wir mit Gott geredet haben, er im Gegenzug mit uns spricht.«[3] Es gibt nur wenige Dinge, die Ihnen beim Beten mehr Freude bereiten werden, als wenn Gott mit Ihnen redet. Manche erfahrenen Beter schreiben sich sogar auf, was Gott ihnen gesagt hat.
4. *Der Rahmen:* Ich möchte Ihnen sehr ans Herz legen, das Vaterunser als täglichen Rahmen für Ihre gesamte Gebetszeit zu gebrauchen. Dieser Rat wurde seit Martin Luther schon häufig gegeben, aber als Standardwerk hierzu möchte ich Ihnen Larry Leas Buch *Könnt ihr nicht eine Stunde mit mir wachen*[4] empfehlen.
5. *Die Qualität:* Die Erfahrung zeigt, daß die Qualität von Gebet normalerweise aus der Quantität erwächst und nicht umgekehrt. Wenn Sie Ihr persönliches Gebetsleben entwickeln wollen, dann lassen Sie sich durch Müdigkeit oder Tagträumereien nicht sonderlich beunruhigen. Die Qualität wird sich im Laufe der Zeit einstellen. Ich habe einmal gehört, wie Mike Bickel gesagt hat, daß man, wenn man 60 Minuten beten will, zu Beginn vielleicht nur fünf gute Minuten erlebt. Aber aus den fünf guten Minuten werden zehn, aus den zehn werden zwanzig, und die Qualität nimmt zu.

Wenn Ihnen das Beten Freude bereitet, dann ist das ein gutes Zeichen dafür, daß Gott Sie auf die geistliche Kampfführung vorbereitet.

Fasten

Es kam immer wieder vor, daß die Jünger Jesu beim Austreiben eines Dämons Schwierigkeiten hatten. Jesus mußte sie dann lehren, daß man gewisse Arten von Dämonen nur durch Gebet und Fasten austreiben kann (Mt 17,21). Es ist wichtig für uns, daß wir uns durch Gebet in die Nähe Gottes begeben. Aber es ist genauso wichtig, dies auch durch Fasten zu tun. Viele Leser dieses Buches fasten sicher öfters und haben darin schon Erfahrungen gesammelt. Die folgende Passage ist nicht für Sie gedacht, sondern für jene, die sich fragen, wie sie damit anfangen sollen. Bekanntlich gibt es mehrere Arten, auf die man fasten kann. Aber wenn Sie beginnen wollen, dann empfehle ich Ihnen die gebräuchlichste Form, nämlich für eine bestimmte Zeit zwar zu trinken, aber nichts zu essen. Was das Trinken angeht, sind sich alle darüber einig, daß Wasser grundsätzlich erlaubt und auch unentbehrlich ist. Manche fügen dieser Reihe noch Tee oder Kaffee, andere sogar Fruchtsäfte hinzu. Aber es herrscht wiederum Einigkeit darüber, daß Milch-Shakes oder ähnliches zu weit gehen und mit dem Geist des Fastens nichts mehr zu tun haben, denn das Fasten beinhaltet, daß man sich freiwillig einschränkt. Diese geistliche Übung ist schon seit Jahrhunderten als Hilfsmittel bekannt, durch das man sich Gott öffnen und ihm näherkommen kann.

Ich bin der Meinung, daß man regelmäßig fasten sollte. Da ich erst ein Anfänger bin, habe ich beschlossen, mich darin zu üben, zwischen Dienstag abend und Mittwoch 12 Uhr mittags nichts zu essen. Ich habe gemerkt, daß das nicht schwer ist. Die Entscheidung dafür ist mir am schwersten gefallen. Das ist die Zeit, zu der ich regelmäßig faste, und dies hat in mir alle Vorbehalte gelöst, die ich bis dahin gegenüber dem Fasten hatte. Mit dieser Grundlage ist es viel leichter, auch einmal über längere Zeit zu fasten. Es ist zum Beispiel noch nicht lange her, daß ich auf ein Seminar eingeladen wurde, auf dem wir während des ganzen Tages beten und nichts essen sollten. Und weil ich mich schon daran gewöhnt hatte, hatte ich keinerlei Schwierigkeiten damit.

Manchmal ermutigen wir nur deswegen andere Christen nicht zum Fasten, weil uns dabei einfällt, wie Jesus die Pharisäer scharf zurechtwies und sagte, daß sie sündigen, wenn sie ihr Fasten weithin sichtbar machen (Mt 6, 16–18). Aber wenn wir im geheimen fasten sollen, dann bedeutet das noch lange nicht, daß wir aus dem Fasten ein Geheimnis machen sollen oder andere nicht ermutigen sollten, es auf die gleiche Art zu tun, wie wir es tun. Darin liegt auch der Grund, weswegen ich an dieser Stelle meine gegenwärtigen Fastengewohnheiten publiziere. Wir müssen mehr über Fasten reden, und dann werden wir es auch häufiger praktizieren.

Wir werden in dem Maß in geistlicher Kampfführung besser werden, in dem in unserem persönlichen täglichen Leben als Individuen und auch als Gemeinden das Fasten zur Norm wird.

Die zweitwichtigste Lektion, die wir in der geistlichen Grundausbildung zu lernen haben, lautet also, uns Gott durch Gebet und Fasten zu nähern.

3. Reinigt die Hände und läutert euer Herz

Jesus sagt in seinen Anweisungen bezüglich unserer Unterordnung unter Gott: »Reinigt die Hände, ihr Sünder, läutert euer Herz, ihr Menschen mit zwei Seelen« (Jak 4,8). Das Reinigen der Hände bezieht sich darauf, was wir tun sollen, und mit der Läuterung der Herzen ist das gemeint, was wir denken oder fühlen. Zusammenfassend kann man sagen, daß es ein Aufruf zur Heiligung ist, und Heiligung schließt sowohl unsere Einstellungen als auch unsere Handlungen mit ein.

Ein geistlicher Kämpfer kann es sich nicht leisten, keinen heiligen Lebensstil zu führen. Dieser Aspekt der geistlichen Grundausbildung erscheint mir so wichtig, daß ich ihm ein wenig mehr Aufmerksamkeit widmen möchte.

Die »Gott-segne-mich«-Falle

Im August 1990 versammelten sich 25 000 Charismatiker im Indianapolis Hoosier Dome zum drittgrößten derartigen Kongreß, der bisher stattgefunden hatte. Manche Beobachter glauben, daß dieses Treffen einen Wendepunkt der charismatischen Bewegung markierte. In einem Leitartikel der Zeitschrift *Christianity Today* wurde lobend kommentiert, daß sich die Charismatiker dieses Mal nicht – wie so oft in der Vergangenheit geschehen – nur zum Erheben ihrer Hände, inbrünstigem Beten und überschwenglichem Singen getroffen hatten. Dieses Mal wurden sie aufgefordert, zu Hause und auch in andere Länder hinauszugehen, um dort insbesondere die Armen zu evangelisieren, auch wenn dies einen hohen persönlichen Einsatz erfordert.

Woher kommt es aber, daß manche Evangelikale und andere der Meinung sind, daß die nun über 30 Jahre alte charismatische Bewegung noch nicht gereift ist? Vinson Synan war der Leiter des gesamten Kongresses und ist ein Vorstandsmitglied des North American Renewal Service Committee (Nordamerikanisches Komitee im Dienste der Erneuerung). Vielleicht hat er seinen Finger auf den wunden Punkt gelegt, als er sagte: »Diese Konferenz war keine ›Gott-segne-mich‹-Konferenz.«[5]

Synan verglich den Besuch des Kongresses, der 1977 in Kansas City stattfand (50 000) und des Kongresses, der 1987 in New Orleans stattgefunden hatte (35 000), mit den 25 000 Teilnehmern von Indianapolis. Sowohl Kansas City als auch New Orleans wurde von der Leiterschaft als »Gott-segne-mich«-Ereignis eingestuft. Aber das Thema der Konferenz von Indianapolis hatte gelautet: »*Evangelisiert die Welt – jetzt und heute!*« Wenn der Schwerpunkt sich von »Gott-segne-mich« hin zu »Gott-segne-die-anderen« verändert, so Synan, dann sinkt das Interesse unter den Charismatikern rapide ab – was die Teilnehmerzahl dann auch tatsächlich zeigte.

Die Rolle der Gemeinden

Trotz der überproportional hohen Rate von Gemeinden, in denen recht fragwürdige Lehren über Heilung und Wohlstand grassieren, darf man Charismatiker nicht undifferenziert und als einzige Gruppierung in die »Gott-segne-mich«-Schublade des Christentums einordnen. Es gibt Tausende von nicht-charismatischen Gemeinden, die mindestens ebenso schwer an *»Koinonitis«* kranken. Das geschieht immer dann, wenn die berechtigte Betonung auf »christliche Gemeinschaft« über das Ziel hinausschießt. »Besucher-herzlich-willkommen«-Schilder über der Eingangstür zur Gemeinde haben in den meisten Fällen nicht viel zu bedeuten. Die »Gott-segne-mich«-Falle kennt keine denominationellen Grenzen.

Natürlich *sollte* man durch Gemeinden gesegnet werden. Nur wenige Leute würden in eine Gemeinde gehen, wenn sie keinerlei persönlichen Nutzen daraus ziehen könnten. Jesus sagt auch: »Kommt alle zu mir, die ihr euch plagt und schwere Lasten zu tragen habt. Ich werde euch Ruhe verschaffen« (Mt 11,28). Wir laden unsere Freunde ein, mit uns zusammen in unsere Gemeinde zu gehen, damit sie dort von ihren emotionalen, körperlichen und geistlichen Schmerzen geheilt werden können. Die Sichtweise, in der die Gemeinde als Krankenhaus betrachtet wird, in dem die Verwundeten versorgt werden, hat ihre Berechtigung.

Aber auch wenn die Gemeinde berechtigterweise die Rolle eines Krankenhauses einnimmt, in dem die Verwundeten geheilt werden, muß sie auch als Kaserne betrachtet werden, in der die Krieger untergebracht sind. Die Gemeinde ist ein Ort, an dem gelehrt, ausgebildet und zugerüstet wird und an dem man geistlich in Form gebracht wird. Sie ist ein Ort, an dem Menschen mit dem Heiligen Geist und mit Macht erfüllt werden, um dadurch nicht nur selbst gesegnet zu werden, sondern um in Jerusalem, in Samaria bis an die äußersten Enden der Erde ein Zeuge für Jesus zu sein. Die Gemeinde heilt, wo Heilung gebraucht wird, aber ihre erste Aufgabe besteht darin, die Truppen aufzubauen, die dann an die Front ziehen, dorthin, wo im Reich Gottes die verschiedensten Arten von Diensten getan werden.

Heiligung und geistliche Kampfführung

Für einen geistlichen Kämpfer ist Heiligung ebenso unentbehrlich wie für einen Luftwaffenpiloten ein scharfes Auge. Dem werden die meisten christlichen Leiter zustimmen, aber manche gehen weiter und entwickeln eine eigene Vorstellung von Heiligung. Sie beschäftigen sich mit dem Drumherum dessen, was in der Schrift über Heiligung steht, aber dringen nicht zum Wesentlichen durch. Andere wiederum neigen in ihrem lobenswerten Wunsch, Heiligung hervorzuheben, zu dem anderen Extrem und betrachten Heiligung letzten Endes als Selbstzweck. Wenn uns Gott nur mit genügend Heiligung überhäuft, wenn wir uns nur darauf konzentrieren, Christen zu genügend Glanz aufzupolieren, dann werden daraus vermutlich von selbst wirksame Dienste hervorgehen. Sicherlich mag dies ein wenig überspitzt klingen, aber dies ist einer der heutzutage anzutreffenden Ansätze, die sehr schnell in die »Gott-segne-mich«-Falle führen. Wenn wir mit geistlicher Kampfführung durchbrechen wollen, dann müssen wir ein fundiertes Verständnis dessen bekommen, was Heiligung im eigentlichen Sinne bedeutet.

Beziehungen und Regeln

Die zwei wichtigsten Aspekte der Heiligung sind (1) Beziehungen und (2) Gehorsam. Auffallend oft ist von beiden im Galaterbrief die Rede. Dieser Brief wurde ausdrücklich mit der Absicht geschrieben, Christen dabei zu helfen, ihr Leben so zu leben, wie Gott es will. Die Gemeinden in Galatien bestanden aus einer Mischung von zwei Arten von Gliedern mit jeweils verschiedenem Hintergrund. Die einen waren Juden, die Jesus als ihren Messias angenommen hatten. Die anderen waren Heiden, die Jesus als ihren Herrn angenommen hatten. Die Juden wußten, was den Gehorsam gegenüber dem Gesetz anging, schon alles, und Paulus mußte sie ermahnen, nicht wieder in den alten Gedanken zurückzufallen, daß schon das alleinige Halten der Gebote Gott gefällt. »Seid ihr so unvernünftig? Am Anfang habt ihr auf den Geist vertraut, und jetzt erwartet ihr vom Fleisch die Vollendung?« (Gal 3,3). Die Juden mußten daran erinnert werden, daß die Basis unserer Heiligung in unserer persönlichen Beziehung zu Gott liegt.

Die Heiden auf der anderen Seite wußten wiederum alles über Beziehungen zu übernatürlichen Wesen, in ihrem Fall zu den Fürsten, Gewalten und bösen Geistern. Sie mußten von Paulus ermahnt werden, sich in Not- oder Krisenzeiten nicht wieder den dämonischen Mächten zuzuwenden. »Wie aber könnt ihr jetzt, da ihr Gott erkannt habt, vielmehr von Gott erkannt worden seid, wieder zu den schwachen und armseligen Elementarmächten zurückkehren? Warum wollt ihr von neuem ihre Sklaven werden?« (Gal 4,9). Die Heiden mußten daran erinnert werden, daß die Basis unserer Heiligung nicht allein in einer Beziehung, sondern auch im Gehorsam gegenüber Gott als Herrn besteht.

Aber wie kann man Beziehung und Gehorsam unter einen Hut bringen?

Ich glaube, daß sich die Antwort auf diese entscheidende Frage klärt, wenn wir drei wesentliche Aspekte unserer Beziehung zu Gott näher betrachten:

1. Gott ist unser Vater. Wir beginnen eine Liebesbeziehung mit Christus. Wir sind Kinder, die »Abba, Vater« sagen (Gal 4,6).
2. Gott ist unser Herr. Weil wir Christus lieben, hat er in uns den Wunsch gelegt, in seinem Willen zu leben. Wir sind Sklaven und wir gehorchen, obwohl wir Kinder sind. »Solange der Erbe unmündig ist, unterscheidet er sich in keiner Hinsicht von einem Sklaven« (Gal 4,1).
3. Jesus ist unser Vorbild. Wir wollen wie Christus sein. Paulus sprach die Gläubigen in Galatien mit »Meine Kinder, für die ich von neuem Geburtswehen erleide, bis Christus in euch Gestalt annimmt« an (Gal 4,19). Heilung bedeutet, daß man sehen kann: Christus hat in uns Gestalt angenommen.

Jede Art von Beziehung bringt Forderungen mit sich. Meine Frau Doris und ich führen seit über 40 Jahren eine gute Ehe. Aber das stellt sich nicht automatisch ein. Jeder von uns hat seine eigene Persönlichkeit mit den dazugehörigen Standards. Wir haben herausgefunden, daß unsere Beziehung mehr austrägt, wenn wir uns an die Standards des anderen halten. Das gleiche gilt für unsere Beziehung zu Jesus. Je früher wir die Regeln kennenlernen und uns nach ihnen richten, um so besser kommen wir miteinander aus. In den wichtigsten Passagen über Heiligung im Neuen Testament wie beispielsweise in Epheser 4,17–32 und in Kolosser 3,5–24, werden diese Regeln etwas detaillierter beschrieben. Im Brief an die Galater führt Paulus sowohl die Werke des Fleisches (Gal 5,19–21) als auch die Früchte des Geistes auf (Gal 5,22–23), um den geheiligten erneuerten Menschen darzustellen.

Heiligung bedeutet nicht, daß man Jesus liebt und dann tun und lassen kann, was man will. Heiligung bedeutet, Gott zu lieben und seinen Willen zu tun. Die Beziehung ist die Grundlage, aber woher wissen wir, daß wir unsere Beziehung mit Jesus richtig leben? »Wenn wir seine Gebote halten, erkennen wir, daß wir ihn erkannt haben« (1 Joh 2,3).

Wer ist heilig?

Wenn erst Heiligung geistliche Kampfführung hervorbringt, muß die Frage gestellt werden, ob eine Person tatsächlich heilig sein kann. Kann ich sagen, daß ich heilig bin? Wenn nicht, warum sollen wir einander ermahnen, heilig zu sein?

Dies mag sich etwas verwirrend anhören. Aber diese Unklarheit löst sich auf, wenn wir zwei Fragen anstatt nur einer stellen. Die erste Frage lautet: Kann man überhaupt heilig sein? Die Antwort lautet ja. Jeder Christ ist heilig. Die zweite Frage lautet: Kann man jemals heilig genug sein? Diese Frage muß mit nein beantwortet werden. Kein Christ ist heilig genug.

Es ist wichtig, daß wir die Bedeutung des Wortes »heilig« verstehen. Das griechische Wort »*hagios*« bedeutet, geheiligt, ausgesondert zu sein; biblisch verstanden bedeutet es, für Gott ausgesondert zu sein. Aber die biblische Betonung liegt mehr auf der Beziehung, geheiligt zu sein, als auf dem Ausgesondertsein.

Was das Für-Gott-ausgesondertsein betrifft, ist jeder Christ durch die Wiedergeburt heilig gemacht worden. Petrus sagt, daß wir eine »heilige Priesterschaft« (1 Petr 2,5) und eine »königliche Priesterschaft« (1 Petr 2,9) sind. Jesus wird uns »heilig, untadelig und schuldlos vor sich treten lassen« (Kol 1,22). Paulus erinnert die Gläubigen in Korinth daran, daß sie »im Geist unseres Herrn ... geheiligt worden sind« (1 Kor 6,11). Wenn Sie wiedergeboren sind, dann können Sie mit gutem Gewissen sagen: »Ja, ich bin heilig.«

Aber Sie können nie sagen: »Ich bin heilig genug.« In Ihrer Position als Kind Gottes sündigen Sie nicht mehr. »Jeder, der in ihm bleibt, sündigt nicht« (1 Joh 3,6). Aber obwohl der Geist Gottes in Ihrem Herzen den Wunsch geschaffen hat, nicht mehr zu sündigen, sind Sie doch noch nicht vollkommen. Sie sündigen immer noch, und Sie werden dies sicherlich auch zugeben. »Wenn wir sagen, daß wir keine Sünde haben, führen wir uns selbst in die Irre, und die Wahrheit ist nicht in uns« (1 Joh 1,8). Aus diesem Grund hat Jesus uns auch gesagt, daß wir täglich beten sollen: »Vergib uns unsere Schuld.«

Das Kriterium der Reife

Echte Heiligung bringt eine auch äußerlich erkennbare Mündigkeit mit sich. Deshalb helfen uns äußerlich sichtbare Kriterien in unserer Suche nach Heiligung auf dreierlei Weise:

Erstens können wir den *Mangel* an Heiligung feststellen, indem wir nach außen sichtbare Kriterien zur Hilfe nehmen. Allerdings können wir nicht auf das Vorhandensein von Heiligung schließen, nur weil jemand gemäß dieser Maßstäbe lebt. Wenn wir jedoch häufig den Namen des Herrn verunglimpfen, außereheliche sexuelle Beziehungen unterhalten und unsere Steuererklärung fälschen – um nur drei Beispiele von nach außen sichtbaren Kriterien zu nennen – dann müssen wir davon ausgehen, daß wir nicht in der Heiligung leben.

Zweitens weisen nach außen sichtbare Maßstäbe auf Reife hin. Gott ist ein guter Vater – und er versteht seine geistlichen Kinder. Aber er erwartet von seinen Kindern auch, daß sie, wie unsere natürlichen Kinder, erwachsen werden. Welche Eltern haben zu ihrem Erstkläßler nicht gesagt: »Hör' auf, dich wie ein zweijähriges Kind zu benehmen!« Manchmal muß Gott uns das gleiche sagen. Paulus zeigte seinen Ärger mit den Korinthern, als er mit nicht gerade wenig Überdruß sagte: »Vor euch konnte ich aber nicht wie vor Geisterfüllten reden; ihr wart noch irdisch eingestellt, unmündige Kinder in Christus« (1 Kor 3,1). Behalten Sie immer im Hinterkopf, daß sich geistliche Reife am deutlichsten durch reifes Verhalten zeigt und nicht dadurch, daß man irgendeine Liste mit Regeln abhakt.

Drittens gelten für Leiter im Neuen Testament besonders hohe Standards. Die in den Pastoralbriefen genannten Kriterien für Älteste und Diakone zeigen, daß nach außen sichtbare Handlungen und das in der Öffentlichkeit sichtbare Zeugnis notwendige Voraussetzungen ihres Dienstes sind. Dies sind Kriterien die jemand erfüllen muß, der sich für eine Leitungsposition qualifizieren will.

Wie viel ist genug?

Wenn Christen niemals heilig genug sind, aber in der Heiligung immer größere Fortschritte machen können, wie groß müssen diese dann sein, bevor man hinausgehen und einen Dienst tun kann? Wieviel Schliff brauchen Truppen, bevor man sie in die Schlacht schickt?

Bevor man diese Fragen beantwortet, muß man vier Gefahren beachten:

Die erste Gefahr besteht darin, mit dem Hinausgehen so lange zu warten, bis man perfekt ist. Praktisch bedeutet das aber, daß man zeitlebends für jegliche Art von Dienst gelähmt sein wird, weil niemand in diesem Leben solche Vollkommenheit erlangen wird.

Die zweite Gefahr besteht darin, Heiligung als ein Ziel in sich zu betrachten. Das Ergebnis davon ist das »Gott-segne-mich«-Syndrom, also mit einem selbstgefertigten Heiligenschein umherlaufen zu wollen.

Die dritte Gefahr besteht darin, in die Erwartung zu verfallen, daß sich ein Dienst von ganz allein aus einem heiligen Leben entwickeln wird. Daraus resultiert eine Reise nach innen, die in einer Sackgasse endet. Jeder Dienst erfordert Motivation und Initiative, gerade bei vorhandener Mündigkeit.

Die vierte Gefahr liegt in dem Glauben, daß die Effizienz im Dienst mit der Erfüllung bestimmter, nach außen hin sichtbarer Zeichen für Heiligung in Verbindung steht. Das führt zu Stolz und Ichbezogenheit.

Prinzipien geistlicher Kampfführung

Jetzt wenden wir uns den Prinzipien zu. Weil wir gute geistliche Kämpfer sein wollen, wissen wir, daß unsere Heiligung immer weiter fortschreiten muß. Und gleichzeitig wollen wir die »Gott-segne-mich«-Falle genauso wie eine lebenslange Dienstlähmung vermeiden. Hier sind fünf Prinzipien, die uns dabei helfen, uns für den Kampf vorzubereiten:

1. *Versichern Sie sich, daß Sie mit Gott in einer angemessenen Beziehung stehen.* Zu den Grundlagen gehört, daß Sie wissen, Sie sind wiedergeboren, daß Sie ein ausreichend intensives Gebetsleben führen, und daß Sie mit dem Heiligen Geist erfüllt sind. Bitte beachten Sie: In diesem Punkt geht es darum, zu überprüfen, ob Sie in einer *angemessenen*, nicht einer *perfekten* Beziehung mit Gott stehen. Der alles entscheidende Test dafür ist der, daß Sie sich von Herzen wünschen, Gott noch enger und vertrauter kennenzulernen und ihm in allen Dingen zu gefallen.
2. *Bekennen Sie alle Sünden, die Ihnen bekannt sind.* Die meisten reiferen Gläubigen wissen, wenn sie gesündigt haben. Aber um sich trotzdem von Zeit zu Zeit selbst zu überprüfen, rate ich Ihnen, mit der Liste von Werken des Fleisches aus Galater 5,19–21, oder mit anderen biblischen Listen, in denen Sünden aufgezählt sind, zu beginnen. Francis Frangipane warnt: »Wenn Sie versuchen sollten, einen Fürsten oder eine Macht zu binden, obwohl Sie Sünde in Ihrem Herzen verbergen, dann versichere ich Ihnen, daß Sie den Kampf verlieren.«[6] Lassen Sie sich aber auch nicht zur Selbstverdammnis hinreißen, denn das wäre auch ein Werk des Fleisches. Irgend etwas stimmt nicht, wenn Sie sich nur dann gut fühlen, wenn Sie sich schuldig fühlen! Erlauben Sie dem Heiligen Geist, daß er Sie selbst Ihrer Sünde überführt.
3. *Kümmern Sie sich darum, daß Sie von hartnäckigen Verhaltensweisen geheilt werden, die Sie zur Sünde verführen.* Wenn Ihr Herz für Gott schlägt, Sie aber immer wieder in eine ganz bestimmte Sünde fallen, dann ist das eine geistliche Krankheit, die Sie genauso heilen lassen müssen, wie Sie es bei einer Zuckerkrankheit oder Blaseninfektion tun würden. Bitte beachten Sie, daß Sie für diese Art innerer Heilung normalerweise Hilfe von außen benötigen. Suchen Sie Hilfe, bevor Sie einen Dienst übernehmen.
4. *Geben Sie anderen die Möglichkeit, Ihr geistliches Barometer zu lesen.* Bleiben Sie mit einer Reihe anderer Menschen in engem Kontakt, deren geistliches Einschätzungsvermögen Sie achten, und welche Sie gut genug kennen, um Ihnen diese Meinung offen zu sagen. Bitte beachten Sie wiederum, daß eine zu große Offenheit, insbeson-

dere wenn sie in der Öffentlichkeit stattfindet, falsche Züge annehmen kann. Aber wenn Sie alles für sich behalten, haben Sie keine Möglichkeit, den Wahrheitsgehalt Ihrer Selbsteinschätzung zu überprüfen.
5. *Das Niveau der Heiligung wächst.* Es gibt viele Ebenen, auf denen Christen dienen können, ohne mit zu hohen Anforderungen an ihre persönliche Heiligung konfrontiert zu werden. Natürlich bleibt es für jeden Gläubigen das Ziel, zur Reife zu gelangen. Manche Arten geistlichen Dienstes sind damit vergleichbar, wenn man mit Kindern im Hinterhof einen Fußball hin und her kickt. Nicht allzu anspruchsvoll. Aber es gibt andere Ebenen geistlicher Dienste, die man mit der Bundesliga vergleichen kann, Ebenen, die eine geistliche Verfassung voraussetzen, die weit über dem Durchschnitt liegt. Bitte beachten Sie, daß geistliche Kampfführung zu der Kategorie »Bundesliga« gerechnet werden muß. Wenn Sie glauben, daß Sie sowohl die Gaben dafür haben als auch berufen sind, dann nehmen Sie es ernst.

Falls Sie auf dieser Checkliste genügend Punkte gesammelt haben, dann können Sie mit dem Dienst beginnen. Aber verwechseln Sie nicht die Gaben oder einen Dienst mit einem geheiligten Charakter, sonst laufen Sie Gefahr, in Heuchelei zu enden. Warten Sie aber auch nicht so lange, einen geistlichen Dienst zu tun, bis Sie ein Superheiliger geworden sind.

Die ganze Waffenrüstung Gottes

Als Handbuch zur Ausrüstung geistlicher Kämpfer schätze ich Larry Leas Buch *Nicht mit Fleisch und Blut* ganz besonders. In diesem Buch bezeichnet er das Blut Jesu, das Gebet, die gesamte Waffenrüstung Gottes, Lobpreis, das Verkünden des Wortes, den Namen Jesu und Ausdauer als »geistliche Waffenkammer Gottes«.

Ich möchte dieses Kapitel nicht schließen, ohne kurz die ganze Waffenrüstung Gottes wenigstens einmal angesprochen zu haben. In *Nicht mit Fleisch und Blut* benutzt Larry Lea die amerikanische »Kleider-machen-Leute«-Mentalität als Illustration. Viele Selbsthilfebücher geben aufstrebenden Geschäftsleuten Tips, wie bestimmte Kleidung ihnen ein »Erscheinungsbild« verleiht, durch das sie die Erfolgsleiter schneller erklimmen können. Danach schreibt er, daß »der einzige Weg, um beim Herrn Erfolg zu haben« nur darüber geht, die ganze Waffenrüstung Gottes anzuziehen, »weil die ganze Waffenrüstung Gottes die Voraussetzung ist, wenn man das Reich Gottes gewaltsam zurückerobern will«[7].

Wenn wir die Metapher der Waffenrüstung eines römischen Legionärs, die Paulus gebraucht, etwas näher betrachten, dann liefert uns das für die Vorbereitung als geistliche Kämpfer wichtige Kriterien. Unsere Hüften müssen mit Wahrheit gegürtet sein. Jesus ist selbst der Weg, die Wahrheit und das Leben.

Wir legen den Panzer der Gerechtigkeit an. Unser Herz wird durch die Heiligung geschützt, die daher rührt, daß wir, wie zuvor angesprochen, unsere Hände reinigen und unser Herz läutern. Der Schild des Glaubens schützt uns vor den brennenden Pfeilen Satans. Der Helm des Heils erinnert uns immer wieder daran, daß wir zu Jesus gehören, und daß wir uns sicher sein dürfen, daß wir die Schlacht am Ende gewonnen haben werden.

Als ich mich intensiv in das Gebiet geistliche Kampfführung eingelesen habe, hat mich die große Zahl an Autoren erstaunt, denen es wichtig war zu betonen, daß alle Teile der Waffenrüstung Gottes rein defensiver Natur seien. Tatsache ist aber, daß der Kämpfer nicht nur seine Rüstung und einen Schild trägt, sondern daß er in seiner Hand auch ein Schwert hält. Das Schwert des Geistes, und damit ist das Wort Gottes gemeint, ist eine Offensivwaffe. Mir gefällt der Kommentar von Walter Wink, welcher sagt: »Es ist schon lustig mit anzusehen, wie das Argument, daß die hier angesprochenen Waffen alle ›defensiv‹ sein sollen, seine Runde von Wissenschaftler zu Wissenschaftler macht. Das Pentagon (das amerikanische Verteidigungsministerium, Anm. d. Übersetzers) sagt das gleiche über seine Atomraketen.«[8]

Ich glaube, daß manche gegen jedes bessere Wissen an der Hoffnung festhalten, man erwartet von uns, nachdem Christus Satan am Kreuz besiegt hat, nur noch, daß wir »stehen«, und daß das Böse aus irgendwelchen Gründen weder uns noch unsere Gesellschaft belästigen wird, solange wir herumstehen und die Hände in unseren Hosentaschen behalten. Aber meiner Meinung nach hatte Paulus das nicht im Sinn, als er zum Beispiel das 6. Kapitel des Epheserbriefes schrieb. Arnold stellt die Frage, ob »stehen« statisch oder dynamisch sei. Er fragt: »Ist der Leser auch gerufen, beispielsweise durch die Verkündigung der erlösenden Botschaft an eine Menschheit, die vom Teufel gebunden ist, sich ›offensiver‹ zu verhalten?« Er kommt zu dem Ergebnis, daß »aus dem Textzusammenhang hervorgeht, daß der Autor das Wort ›stehen‹ als einen offensiven Terminus auffaßt.«[9]

Aber mit der ganzen Waffenrüstung Gottes sind wir nicht nur dazu bereit, uns selbst gegen die heftigen Angriffe Satans zu schützen, sondern wir sind auch dafür gerüstet, den »Starken« zu besiegen und das Reich Gottes voranzutreiben.

Kapitel 7

Sündenvergebung für eine ganze Nation

Francis Frangipane hat beobachtet, daß »viele Heilige sich fragen, ob Christen die Autorität besitzen, um gegen Fürsten und Gewalten beten zu können«. Diese Frage ist sicherlich berechtigt.

Ich stimme Frangipanes Antwort zu, daß »die biblische Position lautet, daß wir nicht nur die Autorität besitzen, gegen diese Mächte der Finsternis zu kämpfen, sondern daß wir sogar die Verantwortung haben, dies zu tun! ... Wenn wir nicht gegen unsere ... Feinde beten, warten diese nicht erst darauf, daß wir sie bitten, ihre Opfer zu werden.«[1]

Lincolns Erklärung zur Abschaffung der Sklaverei

Weil die Bibel lehrt, daß die Fürsten und Gewalten schon besiegt sind, stellen viele Christen die Frage, ob es überhaupt wichtig ist, immer noch gegen sie in die geistliche Offensive zu gehen. Uns wird gesagt, daß Jesus am Kreuz »die Fürsten und Gewalten ... entwaffnet und öffentlich zur Schau gestellt« hat (Kol 2,15). Wenn es stimmt, daß sie schon besiegt sind, maßen wir uns dann nicht etwas an, wenn wir glauben, daß wir dem Werk, das Jesus am Kreuz vollbracht hat, noch etwas hinzufügen können?

Natürlich kann nichts mehr dem Blut, das Jesus am Kreuz vergossen hat, hinzugefügt werden. Sein Opfer gilt ein für allemal. Satan wurde geschlagen. Jesus hat die Welt besiegt. Der Ausgang der Schlacht steht nicht länger in Frage. Aber in der Zwischenzeit sind wir noch mit den Aufräumungsarbeiten beschäftigt. Das Reich Gottes ist schon hier, und wir sind ein Teil davon, aber es wird vor der Wiederkunft Jesu nicht in seiner ganzen Fülle kommen. Zu diesem Zeitpunkt, und nicht früher, wird Satan in einen Abgrund geworfen und schließlich auch in den Feuersee. Obwohl er dauernd zurückgedrängt wird, wenn das Evangelium in der ganzen Welt verkündigt wird, bleibt er bis dahin der Herrscher, der den Bereich der Lüfte regiert.

Um dies zu verstehen, rufen wir uns Lincolns Erklärung zur Abschaffung der Sklaverei ins Gedächtnis, die vor ungefähr 130 Jahren, am 1. Januar 1863 in Kraft trat. Seit 1863 sind schwarze Amerikaner frei, genießen alle Rechte eines Staatsbürgers und sind sozial mit allen anderen Amerikanern gleichgestellt. Niemand stellt die Rechtmäßigkeit der Erklärung zur Abschaffung der Sklaverei in Frage, denn die Regierung der Vereinigten Staaten von Amerika steht mit ihrer gesamten Macht und Autorität hinter ihr.

Aber fast alle Amerikaner wissen um die – sie selbst in Verlegenheit bringende – Tatsache, daß die heutigen Afroamerikaner als soziale Gruppe nicht wirklich mit den anderen Amerikanern völlig gleichgestellt sind. Es hat Zeit gebraucht, das, was ein für allemal durch Lincolns Unterschrift rechtmäßig getan wurde, in die Praxis umzusetzen. Über viele Jahre hinweg änderte sich wenig im Leben der vielen Schwarzen, die auf den Plantagen im Süden arbeiteten. Manche Staaten brauchten noch weitere 100 Jahre, bis sie alle Gesetze abgeschafft hatten, die Schwarzen das Wahlrecht verwehrten, sie aus bestimmten Restaurants ausschlossen und sie in Busse für Schwarze verwiesen. Erst nachdem in den 60er Jahren Stadtghettos in Flammen aufgingen, war Amerika soweit, der Tatsache ins Auge zu sehen, daß die Erklärung zur Abschaffung der Sklaverei jetzt endlich ganz umgesetzt werden mußte. Sowohl die Leiter von Bürgerrechtsbewegungen als auch die Ersteller von Sozialplänen sind beide realistisch genug, um zu wissen, daß unsere gesamte Situation nur durch tatkräftige und bewußte Bemühungen auf seiten aller Amerikaner mit der Erklärung zur Abschaffung der Sklaverei in Einklang gebracht werden kann. Niemand weiß, wie lange das noch dauern wird.

Aber in der Zwischenzeit will ich persönlich zu den Amerikanern gehören, die sich schon jetzt dafür einsetzen, daß sowohl Amerikanern afrikanischer Abstammung als auch anderen Gruppen von Minderheiten echte Gleichberechtigung und wirkliche soziale Gerechtigkeit zuteil wird. Der Befreiungskampf wurde 1863 gewonnen, aber ich möchte auch daran beteiligt sein, wenn in den 90er Jahren irgendwelche Rückzugsgefechte für Bürgerrechte gewonnen werden.

Der Tod Jesu am Kreuz bedeutete für die gesamte Menschheit auch eine Erklärung zur Abschaffung der Sklaverei. Aber 2000 Jahre später sind immer noch große Menschenmassen ungerettet, und ein Großteil der Weltbevölkerung lebt in – sozial gesehen – katastrophalen Lebensräumen. Ebenso, wie ich in unserem Land erleben will, daß die Opfer von sozialer Ungerechtigkeit ihre rechtmäßige Freiheit bekommen, will ich erleben, wie in der ganzen Welt die Opfer satanischer Unterdrückung aus seinem bösen Griff befreit werden.

Eine »proaktive Gemeinde« werden

Es reicht nicht aus, auf politische oder religiöse Vorgänge zu schauen, die vor 130 oder 2000 Jahren abgeschlossen wurden. Das Böse ist zu dominierend. Tom White: »Die Gemeinde ist, was die Antwort auf diese Flut angeht, viel zu oft *re-aktiv* gewesen. Aber die Aufgabe der Erlösten besteht darin, sich mutig und *pro-aktiv* Strategien auszudenken und in die Tat umzusetzen, die den Einfluß des Bösen untergraben und schwächen.«[2]

Einer der Faktoren, die Gott gebrauchte, um Cindy Jacobs dazu zu bringen, die Organisation *Generals of Intercession* zu gründen, war, daß Christen unbedingt eine Strategie brauchen. Sie sagt: »Mir wurde klar, daß der Feind für jede Nation und für jede Organisation eine Strategie besitzt.«[3]

Die Schrift sagt eindeutig, daß Satan nach Macht über Nationen giert. In Offenbarung 20 lesen wir, daß Satan eines Tages für 1000 Jahre gebunden sein wird. Der Text spricht nur eine Sache an, welche durch dieses Binden verändert werden wird: »Damit der Drache die *Völker* nicht mehr verführen konnte, bis die tausend Jahre vollendet sind« (Offb 20,3). Nach diesen 1000 Jahren wird Satan freigelassen werden und wiederum wird nur eine Sache erwähnt, die er dann tun wird, nämlich »er wird ausziehen, um die *Völker* an den vier Ecken der Erde ... zu verführen« (Offb 20,8).

Ich habe schon die Hure angesprochen, die Völker, Menschenmassen, *Nationen* und Sprachen beherrscht (Offb 17,15). Wenn die böse Stadt Babylon fällt, wird einer der Freudenschreie deswegen ausgestoßen werden, weil die *Nationen* durch ihre Zauberei nicht mehr länger verführt werden (vgl. Offb 18,23).

Ich sage, daß Satan nach Macht über Nationen »giert«, weil wir an mehr als nur einer Stelle erfahren, daß der böse Geist, der hier als Hure bezeichnet wird, mit den politischen Führern Unzucht treibt, welche die Autorität über die Nationen besitzen (Offb 17,2; 18,3). Auch wenn das Treiben von Unzucht nur im übertragenen Sinne zu verstehen ist, bezeichnet dieser Begriff nichts Geringeres als Lust.

Die Nationen, die Satan zu kontrollieren sucht, sind die gleichen Königreiche, die er Jesus bei der Versuchung in der Wüste anbot. Und es sind dieselben Nationen, auf die sich Jesus in seinem Missionsbefehl bezieht: »Darum geht zu allen Völkern, und macht alle Menschen zu meinen Jüngern« (Mt 28,19). Jesus hat uns den Auftrag gegeben, in seiner Autorität hinauszugehen, um die Nationen zurückzuerobern, die unter der Herrschaft Satans stehen. Kein Wunder, daß wir in geistliche Kampfführung einbezogen werden, wenn wir uns ernsthaft daranmachen, die Welt zu evangelisieren. Dabei bedrohen wir Satan an einem sehr empfindlichen Punkt. Wir nehmen ihm seine Liebhaber!

Wie man die Festungen des Feindes erkennt

Wie erlangen Satan und die von ihm über Nationen eingesetzten Mächte diese Kontrolle? Gwen Shaw ist seit langem eine anerkannte Fürbitterin, und sie sagt: »Die herrschenden Geister haben nicht die Macht, ohne Erlaubnis in ein Gebiet einzudringen. Bestimmte Umstände verleihen ihnen die Autorität, ein Basislager ihres Königreiches aufzubauen, von dem aus sie über die Menschen regieren, die in diesem Gebiet leben.«[4] Diese Bedingungen werden häufig mit »Festungen« bezeichnet. George Otis jun. beschreibt diese Festungen als »nichts anderes als satanische Kommando- und Kontrollzentralen«.[5]

Cindy Jacobs vertritt die Meinung, daß die »Eingänge, die Satan in erster Linie das Recht geben, diese Festungen aufzubauen«, als »Stadttore« betrachtet werden können. Das sind die Orte, an denen sich die Ältesten versammelten, um sich über das Wohlergehen der Stadt zu unterhalten.[6]

Alle diejenigen, die aktiv den Dienst des geistlichen Nahkampfes tun, wissen, daß Dämonen ihre Einfallstore zu Individuen häufig durch traumatische Erlebnisse, sexuellen Mißbrauch, Abtreibung, Flüche, verschiedenartigste Abhängigkeiten, durch das Okkulte oder irgendeinen anderen Halt, den man ihnen bietet, finden. In vielen dieser Fälle ist innere Heilung wichtig, bevor man diese Menschen wirkungsvoll befreien kann. Charles Kraft sagt, daß viele Menschen Satan Gründe geben, indem sie »sich an Gefühle wie Bitterkeit, mangelnde Vergebungsbereitschaft, Rachsucht, Angst und ähnliches hängen«. Er fährt fort: »Ich glaube, daß niemand Probleme mit bösen Geistern haben kann, die sich nicht an irgendwelchen innerlichen Problemen festmachen lassen.«[7] Ich habe schon mehrmals gehört, wie Kraft gesagt hat, daß Dämonen wie Ratten sind, sie ernähren sich von Müll. Entferne den Müll, und die Ratten sind recht schnell wieder hinausgeworfen.

In strategischer geistlicher Kampfführung gibt es häufig ein ähnlich geartetes Phänomen. Nationen als solche können auch »Müll« in sich bergen, von dem sie gereinigt werden müssen, bevor die Macht der Fürsten und Gewalten geschwächt werden kann. Es ist gut möglich, daß beispielsweise aus der schändlichen Art, auf welche die ersten Siedler in Amerika viele Indianer behandelt haben, viele bedeutsame Festungen für diejenigen dämonischen Mächte herrühren, die heute wirken und versuchen, die amerikanische Gesellschaft auseinanderzureißen. Dies kann auch eine Erklärung dafür sein, warum die Aktivität von Dämonen im allgemeinen innerhalb und in der Nähe von manchen Indianerfriedhöfen ganz besonders machtvoll ist.

Gwen Shaw hat 14 dieser nationalen Festungen und Stadtfestungen aufgelistet, mit denen sie sich im Verlauf ihres jahrelangen strategischen

Fürbittedienstes relativ regelmäßig konfrontiert sah. Darunter sind Götzendienst, heidnische Tempel, das Vergießen von unschuldigem Blut beispielsweise durch Mord, Abtreibung oder Krieg, Hexerei; die Abschaffung von Schulgebet, sexuelle Perversion, Mißbrauch von Kapital, Kampf und Haß, okkulte Objekte, fragwürdiges Spielzeug, pervertierte Medien, Beziehungen und unkontrollierte Gefühle.[8] Man könnte diese Liste fast bis ins Endlose verlängern, aber dies soll einmal als Beispiel nationaler Festungen dienen, gegen die man vielleicht zuerst Schritte ergreifen muß, bevor bestimmte territoriale Mächte besiegt werden können.

Um die Vergebung von Sünden bitten

Angenommen, diese dämonischen Festungen, die eine Gesellschaft beeinflussen und Widerstand gegenüber dem Evangelium bewirken, gibt es wirklich. Was kann man dagegen tun?

Man muß nichts anderes tun als im Fall von besessenen Menschen. Wenn es Sünde gibt, dann heißt es Buße tun, wenn Flüche wirken, dann müssen diese gebrochen werden, und wenn emotionale Narben noch die Ursache von Schmerzen sind, dann braucht man innere Heilung.

Wir wissen aus dem Alten Testament, daß auf Nationen die Sünden eines ganzen Volkes lasten können. Das traf nicht nur auf die heidnischen Nationen zu, sondern auch auf Israel. Sowohl Nehemia als auch Daniel sind Beispiele für gottesfürchtige Personen, welche eine Last für die Sünden ihrer Nationen spürten.

Als Nehemia hörte, daß die Mauer von Jerusalem in Trümmern lag und ihre Tore verbrannt waren, weinte, fastete und betete er. Er bekannte die Sünden der Kinder Israels und versuchte, die Sünden der gesamten Nation zu sühnen. Er sagte: »Wir haben gegen dich gesündigt; auch ich und meine Familie haben gesündigt« (Neh 1,6). Hier finden wir das Beispiel einer Person, die unter der Salbung Gottes die Sünden einer gesamten Nation auf eine Art und Weise bekennt, die Wirkungen hat. Dies ist eine Komponente des geistlichen Kampfes. Ganz offensichtlich zeigten seine Gebete Wirkung, und Gott öffnete Tore, die nur seine Macht öffnen konnte, damit die Stadtmauern und die Stadt wieder aufgebaut werden konnte.

Als Daniel in der Schrift las, erkannte er, daß die siebzig Jahre der Gefangenschaft für die Israeliten bald vorüber waren. Deswegen richtete er »sein Gesicht zu Gott, dem Herrn, um ihn mit Gebet und Flehen, bei Fasten in Sack und Asche, zu bitten« (Dan 9,3). Er bekannte die Sünden seines Volkes in allen Einzelheiten, als er sagte: »Ganz Israel hat dein Gesetz übertreten, ist davon abgewichen und hat nicht auf deine Stimme gehört« (Dan 9,11). Später sagt er noch, daß er die Sünden bekannt hatte, »meine Sünden und die Sünden meines Volkes Israel« (Dan 9,20).

Es ist wichtig zu erkennen, daß sowohl Nehemia als auch Daniel, während sie vor Gott standen, nicht nur die Sünden bekannten, die ihr Volk auf sich geladen hatte, sondern daß sie auch ihre eigenen Sünden bekannten. Wer um die Vergebung der Sünden bittet, die eine ganze Nation auf sich geladen hat, darf es nicht versäumen, sich auch persönlich mit den Sünden zu identifizieren, die begangen wurden oder immer noch begangen werden. Man muß dies auch dann tun, wenn man persönlich vielleicht nicht einmal so sehr schuldig geworden ist wie andere.

Argentinien und Australien

John Dawson nennt in seinem Buch *Unsere Städte für Gott gewinnen* einige Beispiele dafür, wie für die Sünden, die eine ganze Nation auf sich geladen hat, um Vergebung gebetet wurde. 1978 waren beispielsweise John Dawson und einige Mitarbeiter von »Jugend mit einer Mission« über die Gleichgültigkeit frustriert, die die Menschen in der argentinischen Stadt Córdoba gegenüber ihrer Botschaft an den Tag legten. Durch Gebet und Fasten erkannten sie, daß Stolz einer der Fürsten war, der die Stadt beherrschte. Daraufhin bekannten sie ihren eigenen Stolz und demütigten sich, indem sie sich auf einigen der stark frequentierten Bürgersteige in der Innenstadt Córdobas hinknieten, um dort zu beten. Damit begann eine Seelenernte! Dawson sagt: »Die Menschen waren so offen, daß sie sich geduldig in einer Reihe aufstellten, damit wir ihnen die Evangelien, die wir ihnen gaben, eigenhändig unterschrieben.«[9]

Dawson berichtet auch davon, wie er 1979 in Sydney an einem Gebetstreffen teilnahm, zu dem sich ungefähr 15 000 Menschen versammelt hatten. Er sagt, daß die Volkspsyche Australiens häufig durch ein Gefühl der Ablehnung oder einem Gefühl der Ungerechtigkeit charakterisiert ist. Dann berichtet er von einer geistlichen Befreiung, die die Leute ergriff, »als ein Leiter die Menge dahin führte, daß sie den Briten die Ungerechtigkeit vergaben, die ihre Vorväter ertragen mußten, als Australien in der Phase der Besiedelung als Straflager benutzt wurde«[10]. Dies ist ein Beispiel dafür, wie die Sünden einer Nation vergeben wurden, und Dawson berichtet, daß die Gemeinden Australiens nach diesem Ereignis großen Segen erfahren haben.

Aber ich wiederhole, daß auch Dawson Daniel und Nehemia für Vorbilder hält, daß wir, wenn wir für die Sünden um Vergebung bitten wollen, die unsere Nationen auf sich geladen haben, »uns mit den Sünden der Stadt identifizieren müssen«. Er sagt: »Du magst ein rechtschaffener

Mensch sein, der mit dem Laster in deiner Stadt nichts unmittelbar zu tun hat«, aber er glaubt, daß wir einen Schritt weitergehen müssen, denn wir haben Autorität genug, um für andere vor dem Herrn einzutreten.

Die Herausforderung Japan

Bevor ich im Sommer 1990 nach Japan reiste, hatte ich noch nie richtig verstanden, was Nehemia und Daniel getan hatten. In den vergangenen Jahren habe ich immer wieder Japan besucht, weil ich spürte, daß mir Gott für Japan und Argentinien als Nationen eine besondere Last gegeben hatte. Einige Male bin ich gemeinsam mit Paul Yonggi Cho nach Japan geflogen, weil ich an seiner Vision teilhaben wollte, daß bis zum Jahr 2000 zehn Millionen Japaner als Christen gewonnen werden. Ich gebe offen zu, daß ich von mir selbst ein wenig überrascht bin, daß ich ein solches Ziel hier schriftlich festhalte. Ich lehre meine Studenten in Gemeindewachstumsseminaren immer, daß es sehr wichtig ist, sich Ziele zu setzen, daß es aber ein großer Fehler ist, wenn man sich unrealistische Ziele setzt. Wenn man menschlich denkt, dann hat es nicht viel mit Realismus zu tun, wenn man erwartet, daß es bis zum Jahr 2000 zehn Millionen Christen in Japan geben soll, wenn es 1991 nur eine Million Christen gibt, von denen wahrscheinlich nur ein Drittel als hingegebene Christen bezeichnet werden können. Paul Yonggi Cho hat in seiner Ortsgemeinde in Seoul, Korea, mittlerweile mehr hingegebene Christen, als es in ganz Japan gibt!

Aber obwohl es menschlich gedacht nur wenig Hoffnung gibt, daß dieses Ziel erreicht werden kann, habe ich geistlich gesehen den Glauben, daß es wahr werden wird. Ich weiß nicht, wie Gott dies im einzelnen zuwege bringen wird, aber ich bin mir völlig sicher, daß es sich dabei um eine Art geistliche Schlacht handeln wird. Strategische geistliche Kampfführung wird die Offenheit des japanischen Volkes gegenüber dem Evangelium dramatisch steigern. Politwissenschaftler waren zum Beispiel von dem plötzlichen Fall der Berliner Mauer überrascht und sogar verblüfft. Ich glaube, daß etwas ähnlich Dramatisches und ähnlich Plötzliches in der geistlichen Atmosphäre Japans geschehen kann. Wenn das passiert, dann können zehn Millionen Japaner in einer kurzen Zeit ins Reich Gottes kommen. Viele Japaner, ungefähr drei von vier, sagen, daß sie sich, wenn sie sich jemals eine Religion aussuchen würden, dann für das Christentum entscheiden würden.

Die Dämonisierung einer Nation

Als ich im Sommer 1990 plante, nach Tokio zu fliegen, war ich von den Plänen tief beunruhigt, die dem neuen Kaiser Akihito vorgelegt wurden, und nach denen er vom 22. bis zum 23. November durch die *Daijosai*-Zeremonie gehen sollte. In einem Satz gesagt: In diesem alten Shinto-Ritual findet öffentlich die Dämonisierung einer ganzen Nation statt. Während dieser Zeremonie ißt der neue Kaiser zeremonischen Reis, der für ihn kraft Hexerei zubereitet wird. Er hat weiterhin ein Rendezvous mit der Sonnengöttin *Amaterasu Omikami*, dem höchsten territorialen Geist über der Nation. Wie verlautet, hat er während dieser Zeremonie auf einem besonderen Thron, der von manchen »das Bett Gottes« genannt wird, entweder buchstäblichen oder symbolischen Geschlechtsverkehr mit der Sonnengöttin. Dadurch werden sie ein Fleisch, und gemäß ihrer Tradition wird der Kaiser danach als Gott angesehen und angebetet. Als die menschliche Verkörperung des japanischen Volkes vollzieht der Kaiser dieses okkulte Ritual für die ganze Nation.

Als ich ein paar Monate vor der *Daijosai*-Zeremonie im August nach Japan fuhr, rief ich zusammen mit vielen anderen dazu auf, inbrünstig dafür zu beten und zu fasten, daß der Kaiser von seinem Wahlrecht Gebrauch machen würde, dieses okkulte Ritual *nicht* an sich zu vollziehen. Ich wußte natürlich nicht, daß meine schlimmsten Befürchtungen eintreffen würden, und daß alles wie geplant im November stattfinden würde.

Zwei Tage vor meiner Abreise nach Japan hielt ich in Indianapolis auf einem großen Kongreß über den Heiligen Geist und Weltevangelisation einen Vortrag. Ich forderte die Anwesenden heraus, dafür zu beten, daß sich in den nächsten Jahren in Japan zehn Millionen Menschen zum Christentum bekehren, und ich forderte sie heraus, gegen die bösartige geistliche Aktivität zu beten, die mit der *Daijosai*-Zeremonie verbunden ist. Als ich meinen Vortrag beendet hatte, bat der Leiter des Treffens Cindy Jacobs auf die Bühne, um dort für mich und für Japan zu beten.

Ein prophetisches Gebet

Cindy betete ein prophetisches Gebet, das ich hier in voller Länge abdrucke.

> *»Herr, ich danke dir, daß du Peter Wagner nach Japan sendest. Vater, das amerikanische Volk hat durch den Abwurf der beiden Bomben über Hiroshima und Nagasaki große Zerstörung angerichtet. Herr, ich danke dir, daß du wieder einen Amerikaner zurücksendest, um die Greueltaten von Hiroshima und Nagasaki rückgängig zu machen. Va-*

ter, Peter wird im Geist wie eine Atombombe gebraucht werden, um die Finsternis zu brechen, die Satan gegen Japan als Nation und das japanische Volk aufgebracht hat.

Herr, ich bitte dich, daß du das japanische Volk von dem Trauma heilst, an dem es durch die Nachwirkungen dessen, was ihm in Hiroshima und Nagasaki angetan wurde, leidet. Vater, ich wünsche mir, daß du das japanische Volk großartig gebrauchst, um in diesem endzeitlichen Wirken deines Geistes Missionare in die ganze Welt zu senden. Herr, gib ihnen die Jahre zurück, die die Heuschrecken und Raupen im Land der aufgehenden Sonne aufgefressen haben, und ›Ich, der Sohn der Gerechtigkeit, werde mich mit meinen heilenden Flügeln für das Land erheben, das ich liebe.‹

Bitte, Herr, laß deine Salbung jetzt mächtig auf Peter ruhen, wenn er dein Wort verkündet, um deinen Leib zu einen und wiederherzustellen, im Namen Jesu. Amen.«

In diesem Moment betrachtete ich dieses Gebet als nichts Außergewöhnliches. Ich verabschiedete mich von meiner Frau Doris, die zu dem 24-Stunden-Fürbitteteam für den Kongreß in Indianapolis gehörte, kam heim, um in meiner Sonntagsschulklasse zu lehren und wollte am Sonntag abend nach Japan fliegen.

Als ich mich früh am Sonntagmorgen auf meine Klasse vorbereitete, geschah etwas Eigenartiges. Als ich für meine kommende Reise nach Japan betete, begann ich das erstemal, soweit ich mich erinnern kann, für eine Nation hemmungslos zu weinen. Zuerst nahm ich mir nur ein Taschentuch, dann mußte ich mir das ganze Paket Papiertaschentücher nehmen und auf meinen Schreibtisch stellen. Als ich mich wieder beruhigt hatte, klingelte das Telefon. Doris rief mich aus Indianapolis an, um mir zu sagen, daß sie zusammen mit anderen für Japan gebetet hatte. Sie spürten, daß der Herr von mir für die Sünde, der Atombombe auf Hiroshima und Nagasaki Buße haben wollte. Dieser Gedanke war mir noch nie in meinem Leben gekommen.

Ich war bereit, Gott zu gehorchen, wenn es wirklich das sein sollte, was er von mir wollte. Also begann ich Nehemia zu lesen, weil ich spürte, daß ich diese Botschaft dem japanischen Volk mitteilen sollte. Ich sah in aller Klarheit, wie auch meine Familie gesündigt hatte, indem sie die Atombomben abgeworfen hatte. Obwohl Trumans Entscheidung zugegebenermaßen eine weise militärische Strategie war, tragen die Amerikaner immer noch die Verantwortung dafür, daß das Blut von tausenden japanischer Zivilisten vergossen wurde.

»Ich habe gesündigt«

Mein Problem fing damit an, daß ich Nehemias Aussage las, daß nicht nur »meine Familie«, sondern daß auch ich gesündigt habe (Neh 1,6). Mein erster Gedanke war, daß ich bei Kriegsende ein Junge von gerade 15 Jahren war (der 15. August 1945 war nicht nur mein 15. Geburtstag, sondern auch der Siegestag der Alliierten über Japan). Ich habe nicht im Krieg gekämpft, ich habe keine Bombe gebaut, ich habe nie am Abzug eines Gewehres gezogen, und ich habe auch keinen Japaner getötet. Dann spürte ich, wie der Heilige Geist mächtig über mich kam und mich tief von zwei Dingen überführte. Er erinnerte mich zuerst daran, daß ich das japanische Volk mit einem sündigen Vorurteil haßte. Als zweites zeigte mir Gott, daß es in Hiroshima und Nagasaki fünfzehnjährige Jungen gab, die ebenso persönlich unschuldig waren, die auch noch nie mit einem Gewehr geschossen oder eine Bombe geworfen hatten, daß diese Jungen durch die Atombombe aber entweder tot oder dauerhaft behindert sind! Ich begann wieder über Japan zu weinen, nur diesmal doppelt so stark. Ich kann diese Begebenheit bis heute noch nicht erzählen, ohne dabei die Kontrolle über meine Gefühle zu verlieren.

In diesem Moment begriff ich, was John Dawson gemeint hatte, als er sagte, daß wir uns persönlich mit den Sünden der Stadt oder Nation identifizieren müssen, wenn Gott uns zur Vergebung dieser Sünden gebrauchen will. Ich begriff, weswegen sich Nehemia niedersetzte, weinte und tagelang trauerte (Neh 1,4).

Zufälligerweise wohnte ich während meines Aufenthaltes in Tokio im Imperial-Hotel, dem Gebäude, das auch General MacArthur als Hauptquartier benutzte, als er in Japan war. Es liegt rechts gegenüber den Anlagen des Kaiserpalastes, und die Halle, in der ich vor 1000 japanischen Christen lehrte, grenzte direkt an die kaiserlichen Anlagen. Nachdem ich eine oder zwei Sitzungen gelehrt hatte, bat ich meinen Übersetzer, mir dabei zu helfen, unter den Anwesenden ein paar Christen zu finden, die entweder selbst unter den Folgen von Hiroshima oder Nagasaki zu leiden hatten oder die ihnen nahestehende Menschen dort verloren haben. Ich wollte, daß diese das japanische Volk repräsentieren, vor dem ich meine Sünden bekennen wollte.

Atombombenopfer

Wir fanden zwei Christen, die aus Hiroshima waren. Die erste Person war ein Mann, der dem militärischen Fernmeldebüro zugeteilt war, selber radioaktiver Strahlung ausgesetzt war und Verwundeten erste Hilfe leisten sowie mehrere Leichen wegbringen mußte. Die zweite Person war eine

Frau, deren Schwiegermutter zwar nicht körperlich verletzt worden war, aber immer noch psychisch unter den Nachwirkungen leidet. Wir fanden auch zwei Christen, die aus Nagasaki stammten. Der erste war ein Mann, dessen Frau und dessen Schwägerin der radioaktiven Strahlung ausgesetzt waren, woran seine Schwägerin später starb. Die andere war eine Frau, deren Mutter als Krankenschwester nach Nagasaki ging, deren Arme Verbrennungen erlitten und die radioaktiver Strahlung zweiten Grades ausgesetzt wurde, von der sie sich aber später erholte.

Nachdem ich eine lange Lehre über strategische geistliche Kampfführung und über das Thema, wie die Sünden von Nationen vergeben werden können, gehalten hatte, bat ich die vier, zu mir nach vorne auf die Bühne zu kommen. Ich erklärte ihnen, was ich zu tun gedachte, kniete mich dann in Demut vor der Versammlung und den vier Personen auf der Bühne nieder und bat sie für meine Sünden und die Sünden meiner Vorväter um Vergebung. Ich weinte Tränen der Buße, und als ich wieder aufblickte, sah ich überall in der Halle gezückte Taschentücher. Gott war dabei, an seinem Leib mächtig zu wirken. Pastor Hiroshi Yoshiyama schrieb später: »Die versammelten Menschen schmolzen vor Tränen und Buße. Wir haben noch nie eine vergleichbare Konferenz erlebt.«

Danach sagte ich: »Früher habe ich das japanische Volk gehaßt, aber jetzt liebe ich es von ganzem Herzen.« Weil ich nicht wußte, wie ich mich anläßlich dieses Ereignisses der japanischen Tradition entsprechend hätte verbeugen müssen, entschuldigte ich mich für meine Unwissenheit und umarmte jeden der vier auf amerikanisch.

Danach führte der japanische Leiter, der für den Ablauf verantwortlich war, die Versammlung in eine Zeit, in der die Japaner sowohl als Individuen als auch als ganzes Volk spontan und vollmächtig Buße taten. Sie vergaben den Amerikanern und baten für Dinge um Vergebung, die sie als schlimmere Sünden empfanden als die, welche die Amerikaner ihnen je angetan hatten. Paul Yonggi Cho, der als Koreaner den Japanern wiederum ganz andere Gefühle entgegenbringt, umarmte mich auf amerikanisch und erzählte mir, daß auch er unter der Macht des Geistes Gottes unter Tränen zusammengebrochen war, und daß er spürte, daß an diesem Tag wichtige geistliche Siege errungen worden waren.

Was geschah wirklich?

Ich brauche sicher nicht zu betonen, daß ich diese geistliche Erfahrung nie vergessen werde. Bis heute kann ich noch nicht fassen, daß Gott mich als Instrument erwählte, um die Sünden einer Nation zu tilgen. Aber was geschah wirklich? Welche Auswirkungen hat das alles gehabt?

Zuerst einmal glaube ich nicht, daß die politischen amerikanisch-japanischen Beziehungen an diesem Tag eine Art Schwelle überwunden haben. Wenn das geschehen soll, dann müssen daran Menschen beteiligt sein, die über nationale Autorität verfügen, und kein einfacher Gemeindewachstums-Professor. In politischer Hinsicht geschah einige Wochen später sicherlich mehr, als der amerikanische Anwalt General Dick Thornburgh sich demütig in Washington D. C. vor dem 107jährigen amerikanischen Pfarrer Mamuro Eto, der japanischen Ursprungs ist, niederkniete und in einer offiziellen Messe sich für das entschuldigte, was Amerika den Amerikanern japanischen Ursprungs während des Zweiten Weltkrieges angetan hatte. Er überreichte während dieser Messe neun älteren Japanern einen Scheck über je 20 000 Dollar, und erklärte, daß die übrigen 65 000 in Bälde Wiedergutmachungszahlungen in ähnlicher Höhe erhalten würden. Präsident Bush schrieb damals: »Wir können das in der Vergangenheit geschehene Unrecht niemals wieder völlig gutmachen, aber wir können uns entschieden für Gerechtigkeit einsetzen und der Tatsache ins Auge sehen, daß den Amerikanern japanischen Ursprungs während des Zweiten Weltkrieges großes Unrecht zugefügt wurde.«[11]

Wenn ich das schreibe, dann will ich damit nicht sagen, daß zwischen dem, was wir in Tokio taten, und dem, was in Washington geschah, irgendwelche Zusammenhänge bestehen. Aber ich bin davon überzeugt, daß in Tokio irgend etwas in den himmlischen Regionen geschah. Ich weiß zwar nicht zu welchem Grad, aber ich bin mir sicher, daß die Mächte über Japan einen schweren Rückschlag hinnehmen mußten. In der *Los Angeles Times* wird berichtet, daß Japan 1991 »mit ein paar entschuldigenden Floskeln für ihre Überfälle während des Zweiten Weltkrieges«[12] dem Ende des Zweiten Weltkrieges gedachte. Bevor es bei der Offenheit der Japaner gegenüber dem Evangelium radikale Veränderungen geben wird, ist auch bei ihnen noch viel mehr Buße, Sündenbekenntnis, Vergebung und Demut nötig.

Das Sichtbare und das Unsichtbare

John Dawson schreibt, daß wir gut daran tun, Gott um Hilfe zu bitten, um die unsichtbaren geistlichen Kräfte erkennen zu können, die hinter den sichtbaren Problemen in der Stadt stehen. Er sagt, daß Christen dazu neigen, »Berichte über gewalttätige Banden, korrupte Regierungen und Kindesmißbrauch zu lesen, ohne einen klaren Bezug zu dem eigentlichen Konflikt herzustellen, der sich in der unsichtbaren Welt abspielt«. Dawson fährt fort zu sagen: »Ich bin für politisches und soziales Handeln, aber ich bin mir dessen bewußt, daß es nicht einmal halb so wichtig ist, gute Leute in bestimmte Ämter zu wählen, als den Sieg über die Fürsten und Gewalten zu erringen.«[13]

Die Lehre über eine allgemeine Offenbarung Gottes im 1. Kapitel des Römerbriefes gehört zu den Schlüsselstellen, um all dies verstehen zu können. In ihr erfahren wir, daß Gottes »unsichtbare Wirklichkeit, seine ewige Macht und Gottheit an den Werken der Schöpfung mit der Vernunft wahrgenommen« wird (Röm 1,20). Ein Ziel der Schöpfung besteht darin, daß die Herrlichkeit des Schöpfers offen sichtbar wird. Satan und seine bösen Mächte haben dies jedoch verdorben. »Sie vertauschten die Herrlichkeit des unvergänglichen Gottes mit Bildern, die einen vergänglichen Menschen und fliegende, vierfüßige und kriechende Tiere darstellen« (Röm 1,23). Das Ergebnis dieser Tätigkeit ist, daß heute viele geschaffenen Dinge Satan mehr verherrlichen als Gott. Und Menschen verehren und dienen dem Geschöpf anstelle des Schöpfers (Röm 1,25).

Genau dies ist in Japan geschehen. Gott hat die Sonne erschaffen, damit sie seine ewige Herrlichkeit und Majestät widerspiegelt. Die territorialen Mächte über Japan haben die Sonne in das Gegenteil verkehrt. Japan ist als das »Land der aufgehenden Sonne« bekannt. Die Sonne ist das einzige Symbol auf der japanischen Flagge. Und trotzdem wird in diesem Land nicht der ewige Gott, der die Sonne geschaffen hat, sondern ein Götze verehrt, die Sonnengöttin *Amaterasu Omikami*. Die christlichen Leiter in Japan beten, daß sich dies ändern wird, und daß die Sonne auf der japanischen Flagge wieder für den ewigen Gott und nicht mehr für einen bösen Fürsten steht. Sie glauben prophetisch, daß Jesaja 59,19 für Japan gilt: »Dann fürchtet man im Westen den Namen des Herrn und im Osten seine Herrlichkeit.«

Wenn wir die geistliche Dynamik verstehen wollen, die in der Vergebung der Sünden von Nationen und Städten liegt, dann ist es unumgänglich, daß wir, wie der Apostel Paulus sagt, »nicht auf das Sichtbare starren, sondern nach dem Unsichtbaren ausblicken; denn das Sichtbare ist vergänglich, das Unsichtbare ist ewig« (2 Kor 4,18).

Zum effektiven Kampfgebet gehört unbedingt, daß wir lernen, das Ewige und das Unsichtbare zu sehen.

Kapitel 8

Die Mächte benennen und lokalisieren

Während ich an diesem Buch schreibe, stöhnt die Welt über eine der schrecklichsten Naturkatastrophen unserer Zeit. Bangladesch wurde von einem furchtbaren Hurrikan heimgesucht, der mehr als 200 000 Tote sowie Millionen von verletzten, kranken, verarmten, heimatlosen und hoffnungslosen Menschen hinterlassen hat.

Wenn man einem Bericht des Magazins *Times* Glauben schenken darf, dann haben sieben der zehn todbringendsten Stürme des 20. Jahrhunderts diese Gegend heimgesucht. Die Meteorologen können sich nicht darüber einigen, weswegen 70 Prozent der zerstörerischsten Stürme der Welt sich nur in einer bestimmten Gegend austoben. Aber der berühmte bengalische Poet Rabindranath Tagore hat schon vor über 100 Jahren eine Hypothese darüber aufgestellt. Er macht Rudra, den indischen Sturmgott, für dieses Phänomen verantwortlich.[1]

Was steckt in einem Namen?

In diesem Kapitel möchte ich ganz allgemein auf die Namen, die geistliche Wesen besitzen, und insbesondere auf die Namen von territorialen Mächten eingehen. Stellen Sie sich bitte die folgenden Bilder vor:

Kalkutta, Indien. Robert Linthicum ist Pastor, Wissenschaftler und Entwicklungshelfer bei der Organisation World Vision und hat das Buch *City of God; City of Satan* geschrieben, das eine herausragende biblische Abhandlung über die Großstadtgemeinde ist. Als er das erste Mal Kalkutta besuchte, war er von dem Eindruck eines dunklen, durchdringenden und unheilvollen Bösen fast überwältigt. Da er schon oft in Großstädte gereist war und die meisten Großstädte der Welt kannte, spürte er sofort, daß es dieses Mal etwas anderes war. Hier war die Stadt, in der die schlimmste

Armut der Welt herrschte, »eine Stadt, in der ein mit Worten nicht mehr zu beschreibendes Leiden, Krankheit und Verarmung herrscht«.

Während der ganzen Woche konnte man jungen Männern dabei zusehen, wie sie mit lauter Musik durch die Straßen zogen, Trommeln schlugen und dabei Feuerwerkskörper krachen ließen. Diese jungen Männer nahmen an den jährlichen Feierlichkeiten zur Ehre der Hindugöttin Kali teil, die die Stadt beherrscht. Der Name Kalkutta ist von dem Namen des Geistes abgeleitet. Linthicum sagt: »Diese jungen Männer kamen direkt aus dem Tempel der Kali, in welchem sie ihre eigenen Seelen der Göttin geweiht hatten.« Sie hoffen, von ihr dafür im Gegenzug materielle Güter zu bekommen, um aus dem Teufelskreis der Armut herauszukommen.

»Wer ist diese Kali, die die Seelen von jungen Männern sammelt?« fragt Robert Linthicum. »Sie wird im hinduistischen Ehrentempel als die Göttin der Finsternis, des Bösen und der Zerstörung verehrt. Und diese ist gleichzeitig die Göttin, der die gesamte Stadt geweiht ist.«[2]

Anaheim, Kalifornien. Larry Lea, der zu den Leitern der heutigen amerikanischen Gebetsbewegung gehört, kommt in Anaheim an, um dort den ersten »Gebetsdurchbruch« durchzuführen, aus dem eine ganze Serie werden sollte. Sein erklärtes Ziel lautet, »dem Starken dieser Stadt schweren Schaden zuzufügen«[3].

Bevor Lea nach Anaheim fuhr, suchte er die Gegenwart Gottes. Unter anderem bat er den Herrn darum, ihm die Identität der Festungen zu zeigen, die über diesem Teil Südkaliforniens lagen, damit seine Gebete präziser sein konnten. Durch Gebet bekam er heraus, daß es über dem Großraum Los Angeles vier entgegengesetzte Hauptgeister gab: Geister der Religiosität, der Hexerei, Gewalt und Gier. Als nächstes führte er die 7500 Gläubigen, die an dem Gebetstreffen im Anaheim Convention Center teilnahmen, gegen diese Geister ins Kampfgebet.

Manaos, Brasilien. Kjell Sjöberg ist ein ehemaliger schwedischer Missionar, der in Pakistan arbeitete, in Schweden Gemeinden gründete und heute viel mit Gebetsteams international unterwegs ist, um strategische Fürbitte zu tun. Er kam nach Manaos, der Hauptstadt des brasilianischen Staates Amazonas, um dort Gläubige zu lehren, wie die Sünden von Nationen vergeben werden können. Er erfuhr, daß sich der Bundesstaat Amazonas wegen des im großen Stil betriebenen Raubbaus am Land und der damit einhergehenden Zerstörung des für die Ökologie dieses Gebietes so wichtigen Regenwaldes, in einer schweren Umweltkrise befindet.

Während er zusammen mit anderen Gläubigen darum betete, daß Gott ihnen die geistlichen Festungen über diesem Gebiet offenbaren möge, besuchten sie das berühmte, luxuriöse Opernhaus, das von den Kautschukbaronen erbaut worden war. Auf einer hohen Mauer, die hinter der Bühne des Opernhauses stand, war eine Frau in einem Fluß dargestellt. Es stellte sich heraus, daß es sich dabei um ein Bildnis des territorialen Geistes Iara, der Mutter der Flüsse, handelte, die schon lange bevor Kolumbus Amerika entdeckte, dieses Gebiet beherrschte. Das Opernhaus war für die Göttin Iara als Tempel errichtet worden.

Nachdem Sjöberg Iara als die wichtigste geistliche Macht ausgemacht hatte, die diese Region beherrschte, erzählte ihm der gastgebende Pastor: »Bevor ich Christ wurde, habe auch ich Iara angebetet.« Sie beteten zusammen, daß die Macht der Iara brechen und daß der Regenwald des Amazonas sich wieder erholen würde.[4]

Haben Geister wirklich Namen?

Was sagen wir, wenn wir hören, daß diese christlichen Leiter spüren, daß sie die territorialen Mächte wirklich *mit Namen* identifiziert haben? Was schießt durch unsere Köpfe, wenn wir von Rudra, Iara, dem Geist der Gier oder dem Geist der Gewalt hören? Es mag sich für uns seltsam anhören, so lange wir nicht daran denken, daß einige von ihnen in der Bibel ebenso exakt beim Namen genannt werden.

Jesus selbst hat nach dem Namen eines sehr mächtigen Geistes gefragt und dabei erfahren, daß er Legion hieß (Lk 8,30). Manche sind der Meinung, daß es sich hierbei lediglich um eine numerische Beschreibung handelte, aber ganz gleich, wie dem auch sei, es war die direkte Antwort auf die Frage Jesu: »Wie heißt du?« Diana (Artemis) von Ephesus wird präzise bei ihrem Namen genannt (Apg 19,23–41). In Philippi gab es ein Mädchen, das von einem Wahrsagegeist dämonisiert war, der im griechischen als »Pythongeist« bezeichnet wird (Apg 16,16). Selbstverständlich kennen wir den Namen des mächtigsten aller bösen Geister, Satan. Beelzebul (vgl. Lk 11,15), der »Herr der Fliegen« nimmt eine so hohe Rangstellung ein, daß ihn manche mit dem Teufel gleichsetzen. In der Offenbarung lesen wir Namen wie zum Beispiel Tod (Offb 6,8), Unterwelt (Offb 6,8), Wermut (Offb 8,11), Abaddon oder Apollyon (Offb 9,11), die Hure (Offb 17,1), das Tier (Offb 13,4), der falsche Prophet (Offb 19,20) und andere. Im Alten Testament sind die Namen von Geistern wie Baal (2 Kön 21,3), Astarte (1 Kön 11,5) und Milkom (1 Kön 11,5) häufig zu finden. Manche von ihnen haben sozusagen geistliche Verwandte wie Baal-Gad, Herr des Glücks (Jos 11,17), Baal-Berit, Herr des Bundes (Ri 8,33) oder Baalat-Beer, die Herrin des Brunnens (Jos 19,8).

Außerhalb der Bibel sind weitere Namen von Geistern bekanntgeworden. Niemand weiß genau, wie richtig sie sind, aber diejenigen, die sich im Bereich der Dämonologie und Angelogie auskennen, scheinen bezüglich bestimmter Namen ein gewisses Maß an Übereinstimmung gefunden zu haben.

In dem apokryphen Buch Tobit kommt beispielsweise häufiger der Geist Aschmodai vor, und er wird als der »böse Dämon« bezeichnet (Tob 3,8).

Markus Barth sagt, daß »jüdische apokalyptische und sektiererische Schriften die Dämonen Mastema, Azazel, Sammael oder den Erzfeind Beliar (oder Belial) mit entsprechenden Attributen beschreiben«[5]. Gustav Davidson hat in seinem *»Dictionary of Angels, Including the Fallen Angels«* (Wörterbuch der Engel, einschließlich gefallener Engel) die Namen von tausenden böser Geister aufgelistet, die irgendwann im Laufe der Zeiten aufgetaucht sind.[6] Manfred Lurkers *Lexikon der Götter und Dämonen* ist eine weitere derartige Quelle.[7]

Ich führe diese Namen und Quellen nicht deswegen auf, um bösen Geistern Ehre zu erweisen, sondern um sie bekanntzumachen, damit sie leichter angreifbar und verwundbar werden. An dieser Stelle möchte ich lediglich beweisen, daß viele Geister tatsächlich Namen besitzen. Sie sind nicht nur durch die ganze Geschichte hindurch bekannt gewesen, sondern heute entdecken auch Anthropologen und Missiologen, die unter den verschiedenen Volksgruppen der Welt leben, daß die Namen der Fürsten und Gewalten häufig allgemein bekannt sind.

Zum Beispiel haben nur ganz wenige Hawaiibesucher nicht erfahren, daß die Vulkangöttin Pele die Fürstin über der Hauptinsel ist. Vernon Sterk berichtet, daß die Tzotzil, unter denen er in Südmexiko arbeitet, »die Namen der vielen Geister, die ihr Stammesgebiet oder ihre Dörfer bewohnen, sehr genau kennen. Sie kennen sogar die Namen mancher Geister, die über ihren Häusern oder Flüssen herrschen.«[8] Ich habe mehrere Jahre in Bolivien gearbeitet. Dort treibt die ehrfurchtgebietende geistliche Macht von Inti, der Sonnengöttin, und Pachamama, die Mutter Erde, vom Großteil der Bevölkerung unbehelligt, ihr Unwesen. Es ist allgemein bekannt, daß einige australische Ureinwohner »die Gebietsgeister spüren können, diese manchmal riechen, manchmal hören und manchmal auch sehen«[9].

Die Geister beim Namen nennen

Sobald man erkannt hat, daß böse Geister Namen haben, treten weitere Fragen auf. Wie wichtig ist es, diese Namen zu kennen. Sollten wir diese Namen im Kampfgebet einsetzen, wenn wir sie kennen?

Es ist zuerst einmal hilfreich, die Unterscheidung zwischen wirklichen Namen und funktionalen Namen zu treffen. Kali, Iara, Wermut, Artemis und Pele sind Beispiele wirklicher Namen. Ein Geist der Gewalt, der falsche Prophet oder ein Geist der Hexerei sind funktionale Namen, denn diese betonen die Tätigkeit dieses Geistes. John Dawson verknüpft beispielsweise mit New York einen Geist des Mammon, mit Chicago einen Geist der Gewalt und mit Miami einen Geist politischer Intrige. Er sagt: »Es ist nicht notwendig, auf irgendeiner Ebene die genauen Namen der Dämonen zu kennen, aber es ist notwendig, um das genaue Wesen oder die Art der Unterdrückung Bescheid zu wissen.«[10]

Viele, die im Befreiungsdienst im geistlichen Nahkampf stehen, sind der gleichen Auffassung. Ich habe bei einigen meiner Freunde, die einen vollmächtigen Befreiungsdienst haben, ein Muster festgestellt, nach dem sie oft vorgehen. Wenn sie beginnen, dann provozieren sie die Dämonen oft dazu, mit ihnen zu sprechen, weil sie deren Namen und Wirkweise herausbekommen wollen. Sie sind der Meinung, daß sie im Verlauf dieses offenen Aufeinandertreffens sicherer sagen können, ob sie den Kampf gewinnen und wann der Dämon tatsächlich gewichen ist. Ich bin der Meinung, daß diese Methode ihre Berechtigung hat. Aber sobald sie mehr Erfahrung haben und geistlich besser unterscheiden können, legen viele von ihnen diese Methode zur Seite, binden die Dämonen und erlauben ihnen weder zu reden noch ihre Namen bekanntzugeben oder sich auf irgendeine andere Art zu manifestieren. Diese ruhige Form scheint ebenso erfolgreich und in manchen Fällen sogar noch erfolgreicher zu sein.

Nachdem ich dies alles gesagt habe, sollten wir nicht vergessen, daß diejenigen, die regelmäßig mit höherrangigen geistlichen Ebenen zu tun haben, der Meinung sind, daß es zwar nicht unbedingt notwendig ist, die genauen Namen zu kennen, es aber in vielen Fällen hilfreich sein kann. Der Grund dafür scheint darin zu liegen, daß in einem Namen mehr Macht liegt, als viele in unserer Kultur glauben.

Rumpelstilzchen

Viele von uns können sich an die Geschichte von *Rumpelstilzchen* erinnern, die wir als Kinder gehört haben. Dieses Volksmärchen ist zweifellos ein Märchen, in dem eine dämonische Macht auftritt. Der Zwerg hat Zugang zu einer übernatürlichen Macht, was ihn dazu befähigt, Flachs zu Gold zu spinnen, um das Leben der Braut des Königs zu retten. Und offensichtlich stammt diese übernatürliche Macht nicht von Gott, denn Rumpelstilzchen will als Lohn für seine Dienste nicht weniger als ihr erstes Kind. Sobald das Kind geboren ist, würde das arme Mädchen gerne von ihrem Versprechen Abstand nehmen, aber der Zwerg erlaubt ihr das nur in dem unwahrscheinlichen Fall, daß sie seinen Namen errät. Sie entdeckt seinen Namen, und der Fluch ist gebrochen. Die Geschichte nimmt ein gutes Ende und erlaubt uns, einen Einblick in die Welt des Dämonischen zu nehmen und zu erkennen, daß das Wissen um den Namen Bedeutung hat.

Ich will das Märchen nicht dazu gebrauchen, um die Richtigkeit eines geistlichen Prinzips zu beweisen, vielmehr möchte ich anhand dieses bekannten Beispiels verdeutlichen, welche wichtige Rolle Namen in der Weltanschauung eines Volkes (wie dem der vorchristlichen Germanen) spielen, die unter einer starken dämonischen Unterdrückung stehen. Clinton Arnold bestätigt, daß bei den im ersten Jahrhundert lebenden Ephesern »im Rahmen von Hexerei das Anrufen des Namens einer übernatürlichen Macht grundlegend war.«[11]

Vernon Sterk sagt, daß sich unter den Tzotzils »die Schamanen damit brüsten, daß sie, wenn sie schwierige Fälle vorliegen haben, die wirklichen Namen all der verschiedenen Geister und Götter anrufen können«[12].

Das »*Dictionary of New Testament Theology*« bringt dies auf einen Nenner: »Der Name ist im Denken und Glauben fast jeder Nation unauflöslich mit der Person verbunden, ganz gleich, ob es sich dabei um einen Menschen, Gott oder Dämon handelt. *Jeder, der den Namen eines Wesens kennt, hat Macht über das Wesen.*«[13]

Die Umsetzung

Erfahrene geistliche Kämpfer haben herausgefunden, daß die Ergebnisse gewöhnlich um so besser ausfallen, je präziser wir in unserem Kampfgebet sind. Dean Sherman von *Jugend mit einer Mission* sagt beispielsweise: »Gott zeigt uns den einzelnen Geist, damit unsere Gebete genau sein können. Danach können wir die Macht dieser Geister im Namen Jesu brechen und dafür beten, daß der Heilige Geist kommt und die Situation heilt.« Sherman vertritt auch die Meinung, daß »unsere Gebete um so effektiver sein werden, je genauer wir beten«.[14]

Der Städteforscher Bob Linthicum läßt manchmal die Teilnehmer an seinen Workshops den »Engel über ihrer Stadt« herausfinden. Sie müssen ihn beim Namen nennen, beschreiben und sich darüber unterhalten, wie sich seine Aktivität in den verschiedenen Aspekten des Stadtlebens und damit auch ihres Gemeindelebens zeigt. Er sagt, daß »sich diese Übung meist als das anspornendste Ereignis des gesamten Workshops herausstellt«, und es macht sich das Gefühl breit, daß die Teilnehmer ihre Stadt in einer tieferen Dimension begreifen. Linthicum kommt zu dem Schluß: »Wenn man in der Lage ist, den Engel über seiner Stadt beim Namen zu nennen, und wenn man versteht, wie er arbeitet, dann wird diese Macht durch beides sichtbar und gibt einem die Möglichkeit, die Dimensionen des Dienstes zu verstehen, denen sich eine Gemeinde stellen muß, wenn sie die Fürsten und Gewalten wirklich angreifen will!«[15] Walter Wink hat aus ähnlichen Gründen das erste Buch seiner Trilogie über Fürsten und Gewalten »*Naming the Powers*« genannt.

Auch Dick Bernal, ein Pionier strategischer geistlicher Kampfführung, sagt: »Ich kann es nicht stark genug betonen. Im Umgang mit den Fürsten und Herrschern des himmlischen Bereiches ist es unerläßlich, daß sie identifiziert werden.«[16] Wenn Larry Lea für seine Gemeinde betet, dann spricht er oft die Mächte, die nördlich, südlich, östlich und westlich der Gemeinde herrschen, als Personen an. Er sagt dann zum Beispiel: »Norden, du hältst Leute gefangen, die Gott in meiner Gemeinde haben will. Ich befehle dir im Namen Jesu, jede Person freizugeben, die zu diesem Teil des Leibes Christi gehören soll.«[17]

Zusammenfassend läßt sich sagen, daß die Kenntnis über die wirklichen oder funktionalen Namen der Mächte hilft – obwohl es nicht immer notwendig ist – unser Kampfgebet in eine bestimmte Richtung zu lenken.

Das Erstellen geistlicher Landkarten

Das »Erstellen geistlicher Landkarten« ist eng mit dem Benennen der Mächte verknüpft und gehört zu den relativ neuen christlichen Forschungsgebieten und Diensten. David Barrett vom Vorstand der Baptist Foreign Mission, Luis Bush von der Bewegung-2000-nach-Christus und George Otis jun. von der Sentinel-Gruppe gehören zu den Schlüsselpersonen, die dieses Forschungsgebiet und die Definitionen entwickelt haben. David Barrett hat nicht nur das umfangreiche Werk *World Christian Encyclopedia* herausgegeben und bezüglich weltweiter christlicher Statistiken die größte Datenbank gesammelt, er hat ein Gebiet auch ausgemacht, das Nordafrika, den Mittleren Osten und asiatische Bereiche bis hin zu Japan umfaßt. In diesem Gebiet, so beweisen seine computergestützten Berechnungen, leben mindestens 95 Prozent der noch nicht mit dem Evangelium erreichten Völker und auch die größte Anzahl Nichtchristen.

Das 10/40-Fenster

Luis Bush hat herausgefunden, daß dieses Gebiet zwischen dem 10. nördlichen Breitengrad und dem 40. nördlichen Breitengrad liegt und hat ein Rechteck gezogen, das er als »das 10/40-Fenster« bezeichnet. Dieses 10/40-Fenster wird unter Missiologen immer mehr als das entscheidendste Gebiet anerkannt, auf das sich in den 90er Jahren das Hauptaugenmerk der Weltevangelisation zu richten hat. In ihm liegen die Zentren des Buddhismus, des Konfuzianismus, des Islam, des Shintoismus und Taoismus.

George Otis jun. sagt: »Weil diese Länder und Gesellschaften im 10/40-Fenster diese religiösen Nervenzentren beheimaten – und damit 95

Prozent der unerreichten Völker auf der Welt – wird es sich kaum vermeiden lassen, daß sie in den 90er Jahren und darüber hinaus das geistliche Hauptschlachtfeld sein werden. Und wenn der entscheidende Kampf endlich ausbricht, werden die Aktivitäten des Feindes aller Wahrscheinlichkeit nach von zwei mächtigen geistlichen Festungen ausgehen – dem Iran und dem Irak. Sie liegen genau im Mittelpunkt dieses Fensters.«[18] Otis hebt hervor, daß der strategische geistliche Kampf anscheinend von demselben geographischen Ort ausgeht, an dem alles begann – dem Garten Eden.

Diese Form der Unterscheidung führt zum Erstellen geistlicher Landkarten. Es ist der Versuch, eine Stadt oder Nation oder die Welt so zu sehen, »wie sie *wirklich ist*, und nicht nur so, wie sie uns *erscheint*«[19]. Er gründet auf der biblischen Annahme, daß die geistliche Wirklichkeit hinter der natürlichen Wirklichkeit steht, und er nimmt die Unterscheidung zwischen dem Sichtbaren und dem Unsichtbaren ernst, wie ich ihn im vorangegangenen Kapitel beschrieben habe. Der Apostel Paulus sagt, daß »wir nicht auf das Sichtbare starren, sondern nach dem Unsichtbaren ausblicken« sollen (2 Kor 4,18).

Otis erklärt, daß das Erstellen geistlicher Landkarten »beinhaltet, daß wir unser Verständnis von Mächten und Begebenheiten in der geistlichen Welt auf Plätze und Umstände der materiellen Welt legen«. Als Ergebnis erhalten wir eine Landkarte, die sich von allem unterscheidet, was wir bislang kennen. »Auf dieser neuen Weltkarte«, so Otis, »sind die drei von uns untersuchten geistlichen Weltmächte – Hinduismus, Materialismus und Islam – keine eigenständigen Größen. Sie sind vielmehr die *Mittel*, durch die eine umfassende Hierarchie mächtiger, dämonischer Autoritäten Milliarden von Menschen in ihrem Griff hält.«[20]

Dean Sherman vertritt die These, daß ein Grund, weswegen wir geistliche Landkarten erstellen sollten, darin liegt, daß Satan dies schon immer getan hat. »Die Pläne Satans, die Weltherrschaft an sich zu reißen, haben wie bei jedem anderen guten General mit guten Landkarten begonnen ... Satan kennt sein Schlachtfeld.« Dies wird von Shermans Erfahrung unterstützt. Er sagt: »Ich bin in Los Angeles von einer Vorstadt in eine andere gezogen und habe dabei gespürt, daß ich in ein geistlich fremdes Gebiet eingedrungen war.« Er empfiehlt uns, Landkarten zu studieren. »Es rüttelt den Teufel auf und behindert seine Pläne, wenn wir geographisch beten.«[21]

Geistliche Karthographie in der Bibel

Manche werden natürlich fragen, ob wir irgendwelche biblischen Anhaltspunkte für das Erstellen geistlicher Landkarten haben. Eine theologische Untermauerung dieser These läßt sich an der Vorstellung des Sichtbaren und Unsichtbaren aufhängen, auf die ich in Kapitel 7 eingegangen bin. Aber was genaue Beispiele angeht, so finden wir in der Bibel zumindest eines.

Zu einer gewissen Zeit sprach Gott zu Ezechiel und sagte ihm: »Du, Menschensohn, nimm dir einen Lehmziegel, leg ihn vor dich hin, und ritze eine Stadt darauf ein, nämlich Jerusalem« (Ez 4,1). Ezechiel mußte also auf einem Lehmziegel den Plan einer Stadt aufzeichnen, was in der damaligen Zeit dem heutigen Gegenstück zu einem Stück Papier entsprach. Danach gab ihm Gott die Anweisung, sie zu belagern. Dies bezieht sich offensichtlich nicht auf physische, sondern auf geistliche Kampfführung. Danach mußte er eine Eisenplatte nehmen und diese als Mauer zwischen sich und die Stadt stellen, um diese zu belagern.

Die geistlichen Landkarten der 90er Jahre werden wohl nicht mehr auf Lehmziegeln gemacht werden. Sie werden auf Computern erstellt und mit Farblaserdruckern ausgedruckt werden. Aber ich bin davon überzeugt, daß Gott will, daß wir wie Ezechiel die Festungen des Feindes belagern – ganz gleich, ob es dabei um Städte wie Jerusalem, um kleinere Bezirke oder um ganze unerreichte Volksgruppen oder Völker geht.

Landkarten zeichnen

Das Erstellen geistlicher Landkarten ist noch ein so neues Unterfangen, daß wir bislang weder in theologischen Ausbildungsstätten Seminare haben, in denen geistliche Kartographen ausgebildet werden, noch Do-it-yourself-Bücher für Anfänger besitzen. Aber wir wissen: Das Erstellen guter geistlicher Landkarten baut auf sehr guter geschichtlicher Forschungsarbeit auf. Viele derjenigen, die eigene Erfahrung im Bereich strategischer geistlicher Kampfführung gesammelt haben, können den Forschern wertvolle Hilfestellung geben.

Tom White sagt beispielsweise: »Fange damit an, die Ideologien, religiöse Praktiken und kulturelle Sünden zu studieren, die an dem Ort, an dem du lebst, möglicherweise dämonische Bindungen herausfordern oder der Auslöser dafür sind. Städte und Gebiete können auch unterschiedliche geistliche Atmosphären besitzen.« Es ist oft hilfreich, wenn man herausfindet, unter welchen Umständen eine Stadt gegründet worden ist. Das trifft auch auf Gebäude zu. White berichtet von einer presbyterianischen Bibelschule in Taiwan, die immer wieder nachts von störenden, bösen Geistern heimgesucht wurde. Nachforschungen ergaben, daß die Schule auf dem Grundstück eines ehemaligen Buddhatempels errichtet worden war![22]

Ich empfehle allen denjenigen, die sich stärker für geistliche Forschung interessieren, die beiden Bücher von Cindy Jacobs, *Die Tore des*

Feindes besitzen [23] und John Dawsons *Unsere Städte für Gott gewinnen.* [24] Cindy Jacobs hat eine Liste von sieben Fragen zusammengestellt, John Dawson beschreibt zwanzig solcher Fragen.

Natürlich kann man nicht alles durch Forschungsarbeit herausbekommen. Die Gabe der Unterscheidung der Geister ist eine Geistesgabe, die außerordentlich wertvoll ist. Geistliche Kartographen erhalten durch den Heiligen Geist besondere Einblicke. In vielen Fällen gehen beide Fragestellungen Hand in Hand. Am Anfang stehen die Forschungsfragen. Diese führen aufgrund der Auswertung des erhobenen Datenmaterials zu prophetischen geistlichen Einblicken. Wie Tom White so schön sagt: »Lerne Fragen zu stellen und auf die Antworten des Herrn zu hören.«[25]

Wie die geistliche Landkarte von Guadalajara erstellt wurde

Vor nicht allzulanger Zeit habe ich zum ersten Mal die Stadt Guadalajara in Mexiko besucht. Ich wurde dorthin eingeladen, um für ungefähr 200 Abgesandte der Mexican Church of God eine Konferenz zum Thema Gemeindewachstum abzuhalten.

Als ich ankam, war ich in einer Stadt mit sechs Millionen Einwohnern und gerade ungefähr 160 evangelikalen Gemeinden. Dies war erschreckend, denn in den 90er Jahren sollte es in Lateinamerika keine wichtige Gegend mehr geben dürfen, in der weniger als 5 Prozent Protestanten leben. Viele Städte besitzen einen protestantischen Bevölkerungsanteil von zwischen 10 und 20 Prozent, und in dem benachbarten Land Guatemala liegt diese Zahl sogar über 30 Prozent. Wenn Guadalajara den minimalen Bevölkerungsanteil an Evangelikalen von 5 Prozent gehabt hätte, dann hätten 1500 Gemeinden und nicht nur 160 Gemeinden existieren müssen. In Guatemala hätte eine Stadt in der Größenordnung Guadalajaras sogar 9000 Gemeinden besitzen müssen.

Was stimmte hier nicht?

Als ich darüber nachdachte, gab mir der Heilige Geist den Gedanken, daß diese mexikanischen Pastoren sehr gesalbte Leiter waren. Ich stellte mir diese 200 mexikanischen Pastoren auf der einen Seite eines Raumes vor, in dem auf der anderen Seite 200 guatemaltekische Pastoren standen. Wenn ich beide Gruppen einer geistlichen Prüfung unterzogen hätte, dann hätten beide höchstwahrscheinlich gleich gut abgeschnitten. Hätte ich ihre Moral untersucht, hätte ich wahrscheinlich auch keine großen Unterschiede feststellen können. Und das gleiche hätte auch auf ihre geistliche Motivation zur Evangelisation zugetroffen. Was war dann der Unterschied? Wie läßt sich explosionsartiges Gemeindewachstum auf der einen Seite und unüberwindlicher Widerstand gegenüber dem Evangelium auf der anderen Seite der Grenze erklären?

Dann kam mir der Gedanke, daß die Ursache dieses ungleichen Gemeindewachstums nicht in der Person dieser mexikanischen Pastoren zu suchen war. Man mußte sie weder entlassen, korrigieren noch ihnen auf eine andere Weise ein schlechtes Gewissen machen. Sie waren Opfer! Die Opfer gottloser geistlicher Mächte, die in Guatemala offensichtlich geschwächt worden waren, die sich in Guadalajara jedoch verschanzt hatten.

Als ich damit begann, den Pastoren diese Beziehungen darzulegen, war ich überrascht, daß in ihren Reihen im Blick auf geistliche Kampfführung sehr wenig Verständnis anzutreffen war. Wenn sie Baptisten oder Presbyterianer gewesen wären, hätte sich mein Erstaunen sicher in Grenzen gehalten. Aber sie waren Pfingstler.

Die »Ecke des Teufels«

Ich ging sehr beunruhigt in mein Hotelzimmer zurück und betete, daß Gott mir geistliches Unterscheidungsvermögen schenken möge. Danach ging ich nach unten, um eine Tasse Kaffee zu trinken. Gott beantwortete mein Gebet schneller, als ich es je erwartet hätte. Ich nahm beiläufig ein Magazin für Touristen in die Hand und entdeckte darin, wo in dieser Stadt der Thron Satans lag. Inmitten der Stadt liegt die Plaza Tapatía, und eine der auf der Plaza Tapatía gelegenen Touristenattraktionen hieß »*el Rincón del Diablo*«, die »Ecke des Teufels«!

Weil ich neugierig geworden war, bat ich den Pastor, der mich gerade chauffierte, darum, mich zu dieser Plaza Tapatía zu fahren. Als wir nur noch ungefähr drei oder vier Ecken von diesem Platz entfernt waren, betete ich plötzlich laut auf meinem Vordersitz um Schutz für das Auto. Ich konnte unschwer erkennen, daß mein Freund darüber ein wenig überrascht war. Wir parkten und gingen über den Platz zu der Ecke des Teufels. Als ich sehen konnte, was dort war, spürte ich, wie es mir eiskalt über den Rücken lief. In dem Bürgersteig aus Marmor lag ein wunderschön eingemeißelter Kompaß, der nach Norden, nach Süden, nach Osten und nach Westen zeigte! Satan hatte dadurch symbolisch die Herrschaft über die ganze Stadt beansprucht!

Als wir uns auf dem Rückweg zur Konferenz befanden, sagte mir mein Freund: »Für mich war dies eine seltsame Erfahrung. Ich bin schon über hundert Mal auf der Plaza Tapatía gewesen, und noch nie habe ich diesen Mantel geistlicher Unterdrückung so stark über mir gespürt wie dieses Mal.« Ich antwortete: »Darüber mußt du dich nicht wundern. Die ersten hundert Mal warst du als Tourist dort. Den Mächten macht es nichts aus, wenn Touristen in ihr Herrschaftsgebiet kommen. Aber dieses Mal kamst du als feindlicher Eindringling, und die bösen Mächte haben dies offensichtlich erkannt und dementsprechend reagiert.« Dann erwiderte er mir, daß er jetzt verstehe, weswegen ich um Schutz gebetet hatte.

In meiner nächsten Veranstaltung erzählte ich den Pastoren von dieser Erfahrung. Sie nahmen dies sehr freundlich auf und gaben mir zu verstehen, daß sie dies selbst wohl nie gemacht hätten, weil sie von diesem Ansatz noch nie etwas gehört hätten. Dann stand Pastor Sixto Jiménez auf. Er gehörte zu den wenigen aus der Gruppe, die selbst in Guadalajara lebten. Er war der Leiter der Region. Jiménez erzählte, daß eine Gruppe von 60 Pastoren aus den verschiedensten Denominationen rund um die Stadt, ohne viel von Kampfgebet zu wissen, damit begonnen hatten, sich einmal monatlich zum gemeinsamen Gebet zu treffen. Dann berichtete er:»Letzten Sonntag hatten wir 26 Taufen in unserer Gemeinde, das ist die höchste Zahl von Taufen, die wir in unsrer ganzen Geschichte je an einem Tag gehabt haben!« Ich freute mich zusammen mit ihnen darüber, daß Gott bereits dabei war, die Fürsten und Gewalten zu schwächen, die das Denken der Einwohner von Guadalajara schon seit so langer Zeit geistlich blind gemacht hatten.

Zurück nach Argentinien

Ich habe im Verlauf des ganzen Buches immer wieder darauf hingewiesen, daß Argentinien als wichtigstes Laboratorium dient, in dem manche von uns ihre Ansätze geistlicher Kampfführung überprüfen. Einer der Schlüssel, der zu den hervorragenden evangelistischen Ergebnissen in der Stadt Resistencia geführt hatte, war der gewesen, daß die Namen der Geister über dieser Stadt erkannt wurden: Pombero, Curupí, San La Muerte, Reina del Cielo, Hexerei und Freimaurerei (vgl. Kapitel 1). Unter der Betreuung von Cindy Jacobs hatten die argentinischen Pastoren kräftig und präzise gegen diese Fürsten angebetet.

Dabei hatten die großen Kunsttafeln auf dem Marktplatz wertvolle Hilfe geleistet. Cindy sagte: »Diese Tafeln sind wie eine Landkarte des geistlichen Raumes. Sie offenbaren die Pläne und die Absichten des Feindes.« Dann erklärte sie, wie eine große Schlange Hexerei repräsentierte, und daß sie bereits einige christliche Fische in ihrem Magen hätte. Die Vögel in der Luft standen für religiöse Geister. Die knöcherne Figur, die Geige spielte, war San La Muerte. Eine wolkenähnliche Figur mit der Sonne und dem Mond stellte die Königin des Himmels dar.[26]

Der Fall Resistencia verdeutlicht, wie das Benennen der Mächte und das Erstellen einer geistlichen Landkarte Hand in Hand gehen.

Das nächste Ziel von Edgardo Silvosos Organisation Harvest Evangelism ist ein dreijähriger evangelistischer Feldzug in der südlich von Buenos Aires gelegenen Stadt La Plata. Victor Lorenzo ist ein junger argentinischer Pastor, der die Gabe der Unterscheidung der Geister besitzt. Ihm wurde die Aufgabe übertragen, die geistliche Landkarte dieser 800 000 Einwohner zählenden Stadt zu erstellen.

Freimaurer-Symbolik

Lorenzo fand heraus, daß La Plata vor nicht viel mehr als 100 Jahren von Dardo Rocha, einem hochrangigen Freimaurer, gegründet worden war. Dieser hatte die Stadt nach dem Vorbild freimaurerischer Symbolik und Zahlenbedeutung entworfen. Er ließ zwei diagonale Hauptstraßen bauen, die von den Ecken der Stadt aufeinanderzuliefen und dabei eine symbolische Pyramide bildeten. Danach reiste er nach Ägypten und brachte von dort einige Mumien mit, die er an strategischen Plätzen vergrub, um durch sein geschicktes Mitwirken sicherzustellen, daß die Stadt auch in Zukunft unter dämonischer Herrschaft blieb.

Auf der riesigen Plaza Moreno vor der Kathedrale inmitten der Stadt stehen vier aus Bronze gegossene Statuen schöner Frauen, von denen jede für einen Fluch über der Stadt steht. Sie waren von einer Gießerei in Paris hergestellt worden, die von Freimaurern betrieben wurde. Es gibt auf dem Platz nur noch eine einzige weitere Statue – ein muskulöser Bogenschütze mit gespanntem Bogen. Der Pfeil ist direkt auf das Kruzifix auf dem Dach der Kathedrale gerichtet. Und auf der Kathedrale steht kein Kruzifix! Dadurch soll ganz offensichtlich dargestellt werden, daß der böse Bogenschütze in dieser Stadt den gekreuzigten Christus bereits aus dem Zentrum des Christentums beseitigt hat (Katholiken gebrauchen oft ein Kruzifix anstelle eines Kreuzes).

Direkt gegenüber der Vorderseite der Kathedrale liegen die Machtzentren. Das Rathaus, das Gebäude des Landesparlaments, die gesetzgebende Gewalt, die Polizei, das Volkstheater und andere. Sie liegen an etwas, was in Amerika die 52nd Street wäre, nur gibt es hier keine Straße. Aber dafür liegt unter all diesen Gebäuden ein Verbindungstunnel, in dem die Rituale der Freimaurer abgehalten wurden und wahrscheinlich auch heute noch werden.

Die Zahl 6 kommt im Entwurf der Stadt häufig vor, und in der Konstruktion der öffentlichen Gebäude taucht immer wieder die Zahl 666 auf. In den Verzierungen vieler Gebäude tauchen oft groteske, wunderschön bemalte und vergoldete dämonische Fratzen auf.

Victor Lorenzo hat bis jetzt noch viel mehr entdeckt, und Gott wird ihm im Verlauf der Erstellung der geistlichen Landkarte von La Plata noch viele weitere Dinge zeigen. Ich muß noch einmal wiederholen, was ich schon oft angesprochen habe. Es ist kein Selbstzweck, die Namen der Mächte zu finden und eine geistliche Landkarte zu erstellen. Während des

Golfkrieges war die Entdeckung der Kommunikationszentren von Saddam Hussein und die auf sie verübten Anschläge nicht dazu gedacht, ihn zu verherrlichen. Er sollte dadurch vernichtet und ihm seine Macht genommen werden. Und wenn man die Namen der Mächte sucht, dann geschieht das wie oben mit dem Ziel, den Starken zu binden und dessen Macht über die 800 000 Bewohner La Platas zu schwächen, die bislang Jesus noch nicht als ihren Retter und Herrn angenommen haben.

Bevor wir Mächte benennen und geistliche Landkarten erstellen können, wie es sich Gott von uns wünscht, haben wir alle noch einen langen Weg vor uns. Ich habe in diesem Kapitel lediglich versucht, eine Grundlage zu schaffen, auf der andere aufbauen können. Ich bin der Meinung, daß das Benennen der Mächte und das Erstellen geistlicher Landkarten das Potential für ein neues und wichtiges Werkzeug in sich birgt, das Gott dazu gebrauchen wird, sein Reich in unseren Tagen auf der ganzen Erde immer weiter auszubreiten.

Kapitel 9

Die Grundsätze zur Einnahme einer Stadt

Unter christlichen Leitern herrscht eine immer stärker wachsende Übereinstimmung darüber, daß – geographisch gesehen – den städtischen Großräumen für die Evangelisation einer Nation die stärkste Bedeutung zukommt. John Dawson und Floyd McClung gehören zu denjenigen, die unsere Aufmerksamkeit am eindringlichsten in diese Richtung gelenkt haben. Ihre Bücher *Unsere Städte für Gott gewinnen* sowie *Seeing the City with the Eyes of God* (Unsere Stadt mit Gottes Augen sehen) verdeutlichen diese Erkenntnis. Die Städte sind für Dawson das Denken und das Herz einer Nation. Er sagt: »Eine Nation besteht aus der Summe der in ihr liegenden Städte.«[1] McClung schreibt: »Städte sind die Berggipfel der Gesellschaft. Trends, Ideologien und Moden werden im von Unruhe geprägten Kessel des Stadtlebens geboren und fließen danach nach außen, um das Volk zu beeinflussen.«[2]

Strategisch denken

Wie ich schon mehrmals erwähnt habe, ist die Evangelisation der Welt das zentrale Anliegen dieses Buches. Kampfgebet als solches ist kein Selbstzweck, sondern es ist ein Mittel, um den Weg dafür zu öffnen, daß das Reich Gottes kommen kann. Dies darf nicht allein auf Evangelisation begrenzt werden, sondern muß Aspekte von sozialer Gerechtigkeit und angemessenem materiellem Wohlstand beinhalten. Wenn wir die Welt betrachten, dann ist es nur naheliegend, wenn unser Augenmerk sich zuerst auf Nationen richtet. Darin liegt auch der Grund, weswegen ich James Montgomerys DAWN-Bewegung (Discipling A Whole Nation; Eine ganze Nation gewinnen) so stark unterstütze. Sie ist eine hervorragende Strategie, die gesamten christlichen Kräfte jeder Nation zusammenzubringen, um das Land mittels der Multiplikation von Gemeinden zu evangelisieren. Missiologen entdecken, daß es innerhalb jeder Nation eine ziemlich große Anzahl von verschiedenen Volksgruppen gibt, von denen viele noch kaum mit dem Evangelium in Berührung gekommen sind.

Wenn wir eine evangelistische Strategie entwickeln, müssen wir aber auch die andere Zielgröße betrachten, die ich schon vorher erwähnt habe, die Stadt. John Dawson schreibt, daß wir eine Nation in ihrer tatsächlichen Gegebenheit erfassen müssen, wenn wir sie ernsthaft gewinnen wollen. »Das bedeutet, daß das Evangelium das geistliche, philosophische und das physische Leben der Städte einer Nation umgestalten muß.« Außerdem stellt er uns vor eine Herausforderung, die ich hier wiedergeben möchte: »Laßt uns das Banner Christi in den finstersten und dreckigsten Plätzen erheben. Laßt uns den Kampf mit dem Riesen aufnehmen, den eine unpersönliche und drohend aufragende Stadt darstellt.«[3]

Edgardo Silvosos Harvest Evangelism stellt die zur Zeit wohl ausgeklügeltste Strategie dar, um eine Stadt zu evangelisieren. In Kapitel 1 habe ich über Silvosos erstes Experiment in der argentinischen Stadt Resistencia berichtet. Im Verlauf des »Plan Resistencia« hatte sich durch glaubenvolles Kampfgebet in dieser Stadt die Anzahl an evangelikalen Gläubigen verdoppelt. Während ich dieses Buch schreibe, ist momentan die Stadt La Plata das Ziel eines dreijährigen Versuchs, und ich erwarte dort ähnliche Ergebnisse. Es wird vielleicht nicht mehr lange dauern, bis eine große Zahl anderer argentinischer Städte ähnliche Bemühungen bezüglich Evangelisation, Gebet, geistlicher Kampfführung und Multiplikation von Gemeinden erleben.

Meine Frau Doris und ich haben mit Edgardo Silvoso sehr eng in diesen Städten zusammengearbeitet. Zusammen mit den Erfahrungen, die wir mit vielen anderen stadtumfassenden Gebetsbewegungen gemacht haben, an denen wir direkt oder indirekt beteiligt waren, haben sich aus dieser Erfahrung mit Edgardo Silvoso einige ziemlich klare Regeln für diesen Dienst geistlicher Kampfführung herauskristallisiert.

Ich habe sie die *Sechs Grundsätze zum Einnehmen einer Stadt* genannt. Ich vermute, daß es noch mehr als diese sechs Regeln geben kann, aber ich denke, daß es nicht weniger sind. Der beste Rat, den ich Ihnen geben kann, lautet, keinen einzigen dieser sechs Grundsätze außer acht zu lassen, wenn Sie ernsthaft darum bemüht sind, auf Ihre Stadt einen dauerhaften geistlichen Einfluß auszuüben.

Grundsatz Nr. 1: Das Gebiet

Wählen Sie ein geographisches Gebiet mit voneinander abgrenzbaren geistlichen Grenzen aus, dessen Größe Sie gut handhaben können.

Oft begehen Christen den Fehler sich ein Zielgebiet auszuwählen, das für effektives Kampfgebet zu groß ist. Damit will ich nicht sagen, daß es nicht Gelegenheiten gibt, bei denen Gott jemanden dazu beruft, für die großen Sachen zu beten. Dies wird besonders dann der Fall sein, wenn die Gebete auf kritische und zentrale Anliegen gerichtet sind. Ich bin beispielsweise davon überzeugt, daß Gott auch die Gebete von Dick Eastman, Gwen Shaw, Beth Alves und vielen anderen, von denen ich nie etwas hören werde, dazu gebraucht hat, um die Berliner Mauer und den Eisernen Vorhang zu Fall zu bringen. Ich glaube, daß Gott Cathy Schaller gebraucht hat, um Manuel Noriega abzusetzen. Ich glaube, daß Gott John Dawson gebraucht hat, um während der Olympischen Sommerspiele 1984 in Los Angeles die Kriminalitätsrate zu senken. Ich glaube auch, daß Gott meine Frau Doris und Cindy Jacobs dazu gebraucht hat, um einen Umschwung in der argentinischen Wirtschaft einzuleiten und die argentinische Regierung dazu zu ermutigen, 150 000 Hektar Land an die indianischen Eingeborenen zurückzugeben.

Lassen Sie mich das erklären. Ich glaube nicht, daß die Gebete einer dieser Personen oder Gruppen in einem direkten Ursache-Wirkung-Zusammenhang mit diesen sozialen Veränderungen stehen. Aber ich kenne alle die hier aufgeführten Personen, ich weiß auch, daß jede dieser Personen sehr spezifisch für die beschriebene Situation gebetet hat, und ich weiß zudem, daß jede von ihnen nach einem bestimmten Zeitraum, über den hinweg sie gebetet hatte, bezeugte, das Empfinden zu haben, daß sich im geistlichen Raum etwas verändert hat.

Das Geheimnis, das hinter der Effektivität dieser Gebetskämpfer liegt, ist einfach. Bevor diese Fürbitter mit dem Gebet begannen, suchten sie den Willen Gottes und fanden heraus, was er wollte. Sie fanden den »*Kairos*«, den von Gott dafür vorgesehenen Zeitpunkt, und gehorchten dem Ruf Gottes. Jeder dieser Fürbitter wußte außerdem, daß es eine große Anzahl anderer Fürbitter gab, die von Gott das gleiche gehört hatten und deswegen auch auf die gleiche Art beteten. Wenn sie das Empfinden hatten, daß sie den Sieg errungen hatten, dann meinte keiner von ihnen damit, daß sie die feindlichen Kräfte mit eigenen Händen besiegt hatten. Aber sie wußten dennoch sehr wohl, daß sie, wenn vielleicht auch nur zu einem geringen Teil, am Endergebnis beteiligt waren. Sie haben vielleicht kein Tor geschossen, aber sie haben dabei geholfen, es vorzubereiten.

Überschaubare Einheiten

Es ist gut möglich, daß nur relativ wenige Fürbitter dazu berufen sind, bei solchen hochrangigen Gebetsvorhaben mitzuwirken. Aber Gott ruft eine große Anzahl von Fürbittern, sich an dem Kampfgebet für die Städte der

Welt zu beteiligen. Das Territorium mancher Städte ist klein genug, um gehandhabt werden zu können. Ich glaube, daß meine Heimatstadt Pasadena ein Beispiel dafür ist. Momentan läuft eine Gebetsaktion die »Pasadena für Christus« heißt. In diese Aktion wurde bewußt nur die Stadt Pasadena als solche und die kleine, eingemeindete Stadt Altadena einbezogen. Benachbarte Städte wie Arcadia, Sierra Madre, South Pasadena und San Marino sind anders, und für sie werden eigene Gebetsstrategien entwickelt werden müssen.

Ich gehöre zu den Teilnehmern an einer begeisternden Versammlung von Pastoren und Leitern des »Liebt L.A.«-Gebetstreffens, das von Lloyd Ogilvie von der Hollywood Presbyterian Church und Jack Hayford von der Church on the Way veranstaltet wird. Wir treffen uns dreimal jährlich, und es waren niemals weniger als 300 und nie mehr als 1000 Teilnehmer. Ich bin mir aber nicht sicher, ob die Gebete dieses Gebetstreffens den Großraum Los Angeles spürbar verändert haben. Der Grund dafür liegt meiner Meinung nach darin, daß der Großraum Los Angeles ein zu großes Gebiet darstellt, um große Auswirkungen erwarten zu können.

Aber dieses Treffen hat andere Vorteile. Es hat über denominationelle, ethnische, regionale und sozioökonomische Grenzen hinweg die geistliche Moral und den Glauben von Hunderten und Aberhunderten gestärkt. Und es hat zudem, was in meinen Augen noch viel wichtiger ist, die Gründung von mehreren, viel besser handhabbaren Gebetsgruppen angeregt, die auf ganz bestimmte Städte dieser Region gerichtet sind. Während ich noch an diesem Buch schreibe, halte ich in meiner Hand eine Liste von regionalen Gebetsgruppen, 13 im San Fernando Valley, 12 im San Gabriel Valley, 5 im San Bernardino County, 3 im Antelope Valley, 11 in Los Angeles selbst, 7 in der Long Beach Area, 5 in Orange County und 7 in der Gegend der South Bay. Nicht alle dieser Gebetsgruppen werden zu Einheiten wachsen, in denen effektives Kampfgebet praktiziert wird, durch das die jeweiligen Städte eingenommen werden können, aber es ist ein wichtiger Anfang, und einige dieser Gruppen werden es schaffen.

Ihre Wirkung wird noch weiter zunehmen, wenn sie sich nicht nur bestimmte Städte als Zielobjekt auswählen, sondern auch noch die kleineren Einheiten dieser Städte erkennen.

Christus für die Stadt

John Huffman von Latin America Mission hat einen Plan entwickelt, um effektiver für die kleineren Einheiten einer Stadt zu beten. Dieser Plan heißt »Christ for the City« (Christus für die Stadt) und ist meines Wissens das ausgeklügeltste Modell, um dies zu tun. Als Huffman einmal über

Mexico City flog, bekam er die Vision für diesen Dienst. Gott zeigte ihm plötzlich ein Bild, in welchem große indianische Götter hinter den Bergen Mexico Citys standen und die Stadt unterdrückten. Er fragte: »Gott, was soll ich tun? Was willst du von uns, was sollen wir tun?« Gott beantwortete sein Gebet damit, indem er ihm den Gebetsplan »Christus für die Stadt« gab.[4]

»Christus für die Stadt« beginnt damit, die Stadt in kleine Bezirke aufzuteilen. Sie haben beispielsweise die drei Millionen Einwohner zählende kolumbianische Stadt Medellin in 255 kleine Bezirke aufgeteilt. Es existiert von jeder dieser kleinen Einheiten eine detaillierte Karte, in der jedes Grundstück eingezeichnet ist. Auf ihr ist auch aufgezeichnet, welche Gebäude auf dem Grundstück stehen, welche Farbe das Haus besitzt, und wie die Namen der darin wohnenden Familien lauten.

Diese Karten werden an Gebetsgruppen in dieser Stadt, in anderen Landesteilen und in anderen Ländern ausgeteilt. Diese Gruppen haben sich zuvor dazu verpflichtet, über einen festgelegten Zeitraum von zwei Wochen hinweg für diese kleinen Bezirke konzentriertes und spezifisches Kampfgebet zu betreiben. Teams vor Ort beten sich durch den ganzen jeweiligen Bezirk. Sobald mindestens drei Gebetsgruppen berichten, daß sie einen geistlichen Eindruck über ein bestimmtes Gebäude oder einen Platz bekommen haben, gehen geschulte Mitarbeiter an diesen Ort und kümmern sich um die einzelnen Gebetsanliegen bezüglich dieses Hauses oder Ortes. Wenn die zwei Wochen vorüber sind, machen die vor Ort lebenden Teammitglieder eine umfassende Untersuchung aller Häuser in dem von ihnen betreuten Bezirk.

1989 wurde in Medellin ein Pilotprojekt durchgeführt. In diesem Jahr wuchsen die evangelikalen Gemeinden um 44 Prozent von 9 000 auf 13 000 Mitglieder. Im darauffolgenden Jahr wuchs die evangelikale Bevölkerung um weitere 50 Prozent von 13 000 auf 18 500. Im gleichen Zeitraum von zwei Jahren wuchs die Anzahl der Gemeinden von 103 auf 140.

Die Gebetsgruppen außerhalb der Stadt bleiben über Telefax und Computermodems miteinander in Kontakt. Eine der an dem Pilotprojekt von Medellin beteiligten Gebetsgruppen war eine *Baptist General Conference*-Gemeinde aus den USA. Obwohl es nicht zu ihrer Tradition gehörte, vom Herrn prophetische Worte zu bekommen, hörte eine Gruppe eines Tages ganz deutlich, daß mit einem bestimmten, unbebauten Grundstück in dem kleinen Bezirk, für den sie beteten, etwas nicht in Ordnung war. Sie faxten die Information nach Medellin. Ein Gebetsteam ging auf das Grundstück und fand dort fünf verfluchte, okkulte Objekte, die von Hexen mit der Absicht vergraben worden waren, den kleinen Bezirk unter ihre Herrschaft zu bringen. Diese Objekte wurden vernichtet, und das Evangelium konnte sich frei ausbreiten.

Auf einer mehr persönlichen Ebene geschah es, daß ein junger Mann mit Namen Fulvio eine neunköpfige Familie besuchte, die alle dem Evangelium hartnäckigen Widerstand leisteten. Aber als Fulvio danach fragte, erlaubten sie ihm, für ein krankes Familienmitglied um Heilung zu beten. Sie sagten ihm auch, daß er sich aber nicht viel davon erwarten solle.

Er betete, die Person wurde geheilt und bekehrte sich zum Christentum. Heute treffen sich alle neun Familienmitglieder des Hauses regelmäßig zum gemeinsamen Bibelstudium.[5]

Sobald Sie die überschaubaren Gebiete kennen, für die Gott will, daß Sie beten, wird es Zeit, die Leiter zusammenzurufen.

Grundsatz Nr. 2: Die Pastoren

Sichern Sie die Einheit unter den Pastoren und anderen christlichen Leitern in dem Gebiet, und beginnen Sie mit regelmäßigem, gemeinsamem Gebet.

Die Einheit unter den Pastoren einer Stadt ist eine unersetzliche Grundlage für geistliche Kampfführung. Der Grund dafür ist darin zu suchen, daß Pastoren die geistlichen Torwächter einer Stadt sind. Damit will ich der großen Zahl von begabten Laienleitern und christlichen Mitarbeitern, die keine Pastoren sind, nicht zu nahe treten. Ich will damit nur herausheben, daß die höchste geistliche Autorität für eine bestimmte Stadt an die Pastoren übertragen worden ist. Satan weiß darum – auch wenn wir nicht darum wissen. Und er bemüht sich mit allen Kräften darum, die Pastoren von jeglicher Art des Zusammenkommens, und insbesondere natürlich vom Gebet, abzuhalten.

Als Dick Bernal einmal gefragt wurde, wo man denn beginnen soll, wenn man die bösen Einflüsse über einer Stadt angreifen will, antwortete dieser, daß es bei den Gemeinden beginnen muß. »Bete darum, daß auch die Pastoren in deiner Stadt in allen Bemühungen eins werden, die Stadt von den fremden Wesen zu befreien.«[6]

Es ist für Pastoren wichtig zu verstehen, daß die zur Einnahme einer Stadt notwendige Einheit keine dogmatische, juristische oder politische Einheit ist. Vielmehr handelt es sich um geistliche Einheit: Die Grundlage dafür ist ein gegenseitiges Einvernehmen darüber, wer der wirkliche Feind ist. Viel zu viele Pastoren haben unter dem Eindruck gelebt, daß sie die Feinde der anderen und umgekehrt seien. Ich bin glücklich darüber, daß ich berichten kann, daß dieses Denken überall in unserem Land immer schneller und dramatischer zusammenbricht. Unser Land steckt in einer viel zu großen geistlichen und sozialen Krise, als daß wir uns das Gezänk noch länger leisten könnten. Francis Frangipane sagt: »Gott ruft uns heute, endlich damit aufzuhören, uns gegenseitig zu bekämpfen, und eine Familie zu werden, die füreinander kämpft.«[7] Dem habe ich nichts mehr hinzuzufügen. Joel sagt: »Versammelt die Ältesten ... beim Haus des Herrn eueres Gottes und schreit zum Herrn« (Joel, 1,14).

Grundsatz Nr. 3: Der Leib Christi

Kommunizieren Sie klar und deutlich, daß es sich bei diesem Projekt nicht nur um eine Aktivität der Pfingstler oder der Charismatiker, sondern um ein Projekt des gesamten Leibes Christi handelt.

Ganz gleich, auf welcher Ebene Satan geistliche Kampfführung verhindern will, er benutzt häufig folgende Taktik: Er bringt Christen dazu, daß sie zueinander sagen: »Oh, so etwas machen nur die Charismatiker!« Damit wird implizit ausgedrückt, daß diejenigen, die sich nicht dazugehörig fühlen, keinen ernsthaften Gedanken daran verschwenden, an dieser zweifelhaften Aktivität teilzunehmen.

Edgardo Silvoso spricht dieses Problem direkt an. Er sagt: »Satans wichtigste Taktik besteht darin, aus geistlicher Kampfführung ein Thema zu machen, über das man streitet. Aber geistliche Kampfführung ist ein Thema für alle Christen und muß es auch weiterhin bleiben.«[8] Silvoso hält im ganzen Land Seminare über geistliche Kampfführung ab, die ganz speziell auf Evangelikale hin zugeschnitten sind, die in diesem Punkt Ermutigung brauchen.

Wenn ein stadtweites Gebetsprojekt mit strategischer geistlicher Kampfführung angekündigt wird, dann läßt sich unschwer vorhersagen, daß die Charismatiker und unabhängigen Gemeinden die ersten sind, die auf diesen Zug aufspringen. Wenn man sie nicht warnt, dann kann es ihnen leicht passieren, daß sie das Projekt an sich reißen und einen Programmablauf gemäß ihrem Stil entwickeln, welcher dann unbeabsichtigt vielen evangelikalen Leitern die Botschaft kommuniziert: »Wir machen es auf unsere Art, und wenn ihr wollt, dann könnt ihr gerne mitmachen.« Wenn dies geschieht, kann dies das gesamte, stadtweit angelegte Projekt schwächen.

Larry Lea hat in San Francisco während des Halloween 1990 (ein amerikaweit, am Abend vor Allerheiligen gefeiertes Fest, anläßlich dessen »Geister« aus Kürbissen geschnitzt werden und in allen Schaufenstern dämonisch anmutende Fratzen oder Masken hängen. Anm. d. Übersetzers.) seinen berühmten »Gebetsdurchbruch« abgehalten. Dies war meines Wissens das wohl hochrangigste, öffentlich durchgeführte Aufeinandertreffen der Mächte, das je in Amerika stattgefunden hat. Er zog die

Aufmerksamkeit der Massenmedien in einem Ausmaß an sich, das man seit Billy Grahams Evangelisation in Los Angeles im Jahre 1979 nicht mehr erlebt hatte. Dick Bernal berichtet in seinem Buch *Curses: What They are and How to Break Them* (Flüche, was sie sind und wie man ihnen entgegentritt) von der dramatischen Bekehrung des Hohenpriesters des Wicca-Kultes des New Earth Temple (Neue-Erde-Tempel), der Larry Lea vor diesem Ereignis öffentlich verfluchte.[9] Dies ist ein überzeugendes Zeugnis für die durch einen Gebetsdurchbruch freigesetzte Macht Gottes.

Und dies ist auch gleichzeitig der Grund dafür, daß ich enttäuscht war, als ich in einer Pressemitteilung der Associated Press (AP) lesen mußte, daß »dieses Ereignis eine Veranstaltung der pfingstlich-charismatischen Bewegung ist, die satanische Prinzen und ›territoriale Mächte‹ über bestimmte Städte, Branchen und Subkulturen herrschen sieht«[10]. Meine Enttäuschung lag darin begründet, daß ich wußte, daß dies nicht nur die Meinung einer säkularen Journalistin, sondern auch die vieler Pastoren war.

Als Evangelikaler richte ich an unsere pfingstlichen Schwestern und Brüder den Appell, Geduld zu bewahren. Die Anzahl der Evangelikalen, die im ganzen Land bereit sind, auf den Zug aufzuspringen und an einer Gebetsbewegung für ihre Stadt teilzunehmen, wächst. Aber sie brauchen gewöhnlich etwas länger, und dies ganz besonders dann, wenn etwas Neues wie strategische geistliche Kampfführung miteinbezogen wird. Evangelikale sind darin geschult worden, theologische Fragen zu stellen und das zu tun, was die Beröer taten: Sie »forschten Tag für Tag in den Schriften nach, ob sich dies wirklich so verhielte« (Apg 17,11). Es gehört zu meinen Zielen, in diesem Buch zu beweisen, daß aus biblischer und aus theologischer Sicht gegen das Beten für Städte nichts einzuwenden ist. Aber ich befürchte, daß manche Gläubige dies mit dem Vorwand abschmettern werden, daß dieses Buch der Beweis für das ist, was sie schon seit Jahren vermutet hatten – Peter Wagner ist doch ein Charismatiker, obwohl er behauptet, keiner zu sein!

Die gute Nachricht in unseren Tagen lautet, daß sich die Lage verbessert und nicht verschlechtert. Der Geist Gottes führt in seiner Macht immer mehr Christen zu der Erkenntnis, sich als Mitglieder des Leibes Christi und nicht in erster Linie als Charismatiker, Pfingstler, Evangelikale oder Liberale zu betrachten. Schon allein dies wird die Schwächung des Feindes und die Ausbreitung des Reiches Gottes beschleunigen.

Grundsatz Nr. 4: Die geistliche Vorbereitung

Stellen Sie sicher, daß Gläubige und ihre Leiter sich durch Buße, Demut und in Heiligung auf die Einnahme der Stadt vorbereiten.

Wenn Sie diesen Grundsatz verletzen oder wenn Sie ihn auch nur auf die leichte Schulter nehmen, werden Sie zum Schluß viele verwundete, entmutigte und unglückliche Kämpfer haben. Weil ich in Kapitel 6 (Ausbildung der Kämpfer) schon auf die erforderliche geistliche Verfassung der Personen eingegangen bin, die sich am Gebet für die Stadt beteiligen wollen, muß ich dies nicht mehr im Detail ausführen.

Als Edgardo Silvoso in Argentinien mit der Umsetzung seines »Plan für La Plata« begann, stellte er fest, daß das geistliche Niveau der Gemeindemitglieder, die in dieser Stadt lebten, nicht besonders hoch war. Tatsache war, daß viele unter ihnen sogar in dem einen oder anderen Grad dämonisch gefangen waren. Viele hatten sich von den Versuchungen ihres Fleisches verführen lassen. Sie wollten Gott gerne dienen, aber sie wußten auch, daß sie Hilfe brauchten.

Aus diesem Grund verschob Silvoso jegliches öffentliche Kampfgebet so lange, bis einiges an innerer Heilung geschehen war. Cindy Jacobs wurde angefragt, zuerst für die Pastoren, dann für deren Ehefrauen und danach auch für alle anderen Gläubigen ein Seminar über innere Heilung abzuhalten. Meine Frau Doris begleitete Cindy auf dieser Reise. Als sie zurückkam, berichtete sie, daß sie zum ersten Mal in ihrem Leben eine so starke Ausgießung der Macht Gottes erlebt hatte. Während dieses Seminars waren zeitweise mehrere hundert Menschen laut in Tränen ausgebrochen. Viele bekannten ihre Sünden. Feinde versöhnten sich und wurden Freunde. Eine Frau, die an Kinderlähmung litt, vergab unter der Kraft des Heiligen Geistes ihrer Mutter und wurde im gleichen Augenblick geheilt. Eine andere Frau stand plötzlich im Mittelpunkt, als diejenigen, die um sie herumstanden, mit eigenen Augen verfolgen konnten, wie sich der Backenknochen neu bildete, den sie bei einem Autounfall verloren hatte.

Das Endergebnis ist, daß der Glaube der Christen sehr stark geworden ist, daß sie füreinander beten, daß sie die Flüche brechen, die noch aus den Tagen, in denen sie mit Hexerei zu tun hatten, auf ihnen lasten. Manche treiben Dämonen aus, und die Gefäße werden gereinigt, die Gott zur Eroberung der Stadt gebrauchen möchte. Der Leib Christi ist heiliger als vorher.

Es ist schwer zu sagen, wann sie für strategische, geistliche Kampfführung reif sind. Zur Reife gehört, daß der Gläubige beginnt, Christus wirklich zu *gehorchen* und ihm *nachzufolgen*. Die Forderung Gottes nach Heilung trennt oft die Schafe von den Böcken. John Wimber sagt: »In den 90er Jahren werden immer größere Spannungen zwischen Christen zu beobachten sein, die Christus als ihren Helfer betrachten und denen, die ihn als ihren Herrn ansehen. Ich vermute, daß ganze Gemeinden wegen diesen Streitpunkten auseinanderbrechen werden.«[11]

Grundsatz Nr. 5: Die Forschungsarbeit

Erforschen Sie den geschichtlichen Hintergrund der Stadt, damit die geistlichen Kräfte offenbar werden, die das Bild der Stadt geprägt haben.

Als ich im letzten Kapitel die Erstellung geistlicher Landkarten beschrieb, habe ich darauf hingewiesen, wie hilfreich an dieser Stelle Forschungsarbeiten sein können. Darauf möchte ich nicht nochmals eingehen, sondern zwei Beispiele dafür nennen, wie dies bei einer alten Stadt und bei einer vor nicht allzulanger Zeit gegründeten Stadt vor sich geht.

Manchester, England. Ich stehe mit Richard C. Lockwood aus Manchester in Kontakt, der damit begonnen hat, mit geistlichem Unterscheidungsvermögen die Hintergründe seiner Stadt zu erforschen. Geistliche Menschen sind dort einhellig der Meinung, daß sie einen schwer über der Gegend lastenden Geist spüren, und daß sich das Zentrum dieser Schwere auf der noch vor den Römern besiedelten Seite befindet, auf der auch die Kathedrale errichtet ist. Es konnte bewiesen werden, daß die weitverbreitete Lehre, daß der Name »Manchester« römischen Ursprungs sei, unrichtig ist. Er geht bis in keltische Zeiten zurück und hat eine Bedeutung, die mit einem »hohen Platz« zusammenhängt. Es wird noch einige Zeit in Anspruch nehmen, bis die Informationen gefunden werden, die vielleicht wichtige Anhaltspunkte zum Wesen dieser Stadt geben können.

Lockwood bemerkt jedoch, daß es nicht viel geistliches Unterscheidungsvermögen braucht, um die territorialen Mächte zu identifizieren, die heute die Stadt beeinflussen: Rebellion, Homosexualität, Apathie und Lethargie. »Aber zuerst muß die Macht herausgefunden werden, die hinter all diesen Mächten steht. Vorher kann sich kein effektives Kampfgebet durchsetzen.«[12]

Brasilia, Brasilien. Lassen Sie mich auf Kjell Sjöberg, den schon erwähnten Schweden zurückkommen. Sjöbergs internationaler Gebetsdienst hat ihn kürzlich nach Brasilia, der Hauptstadt Brasiliens, geführt, die 1960 von Präsident Juscelino Kubitschek entworfen und gebaut worden war. Sjöberg berichtet, daß Kubitschek ein Spiritist war, der an Reinkarnation glaubte und der Überzeugung war, daß er selbst die Wiedergeburt von Pharao Akhnaton sei, der vor 3600 Jahren gelebt hat und eine neue Hauptstadt für seine Nation baute. Viele Gebäude ähneln in ihrer Form den ägyptischen Pyramiden. Die Gebäude, in denen die staatlichen Gewalten untergebracht sind, wurden in Dreiecksform gebaut, woraus sich ein Hexagramm ergibt. Überall ist die Numerologie des ägyptischen Tarots und der hebräischen Kabbala anzutreffen. Der Grundriß der Stadt hat die Form des ägyptischen Vogels Ibis (obwohl viele Touristenführer behaupten, daß er die Form eines Flugzeuges habe).[13]

Diese Art von Information, die offenbar macht, daß geistliche Kräfte schon von der Zeit an gegenwärtig waren, in der die Stadt entworfen wurde, ist den Fürbittern, die an dem stadtweiten Gebetsvorhaben teilnehmen, eine enorme Hilfe.

Grundsatz Nr. 6: Die Fürbitter

> *Arbeiten Sie mit Fürbittern zusammen, die für geistliche Kampfführung eine Berufung und eine besondere Begabung haben. Bitten Sie zusammen mit ihnen Gott darum, zu offenbaren: (a) Worin die erlösenden Gaben für die Stadt bestehen, (b) welches die Festungen sind, die Satan in der Stadt hat, (c) welche territorialen Mächte für diese Stadt zuständig sind, (d) mit welchen Sünden aus der Vergangenheit und der Gegenwart umgegangen werden muß, (e) Gottes Schlachtplan und den von ihm bestimmten Zeitpunkt.*

Die Fürbitter werden zu den Schlüsselfiguren einer gut ausgeklügelten Gebetskampfstrategie für eine Stadt gehören. Wenn die Arbeit gut getan werden soll, dann muß man begabte Fürbitter finden, diese ermutigen und für diesen Dienst freisetzen.

Jeder Christ hat ganz allgemein die Aufgabe zu beten und im speziellen, Fürbitte zu tun. Aber Gott hat manche Christen ausgewählt und ihnen eine besondere Gabe der Fürbitte gegeben. Wenn das sich für Sie seltsam anhört, dann vergleichen Sie dies mit der Rolle eines jeden Christen, daß er dazu berufen ist, Zeugnis abzulegen. Aber nur eine kleine Anzahl hat die geistliche Gabe der Evangelisation empfangen. Es kann nicht der ganze Leib ein Auge sein, nur manche Glieder sollten es sein.

Ich habe die Gabe der Fürbitte in meinem Buch *Die Gaben des Geistes für den Gemeindeaufbau*[14] beschrieben. Darin führe ich sie als eine unter 27 Gaben auf. Aber ich gebe offen zu, daß es eine Gabe ist, die nirgendwo in der Schrift ausdrücklich als Gabe aufgeführt wird. Obwohl manche meine Meinung nicht teilen werden, bin ich aufgrund einfacher Beobachtung, die ich im Laufe der Jahre gemacht habe, von der Existenz dieser Gabe zur Genüge überzeugt und kann sie sogar definieren:

> Die Gabe der Fürbitte ist die besondere Fähigkeit, die Gott einigen Gliedern am Leib Christi gibt, die sie befähigt, über einen längeren Zeitraum hinweg regelmäßig für bestimmte Dinge zu beten und spezifische Gebetserhörungen zu erleben – und all das in einem viel größeren Ausmaß, als es von durchschnittlichen Christen erwartet werden kann.[15]

Ich habe über Fürbitter intensive Untersuchungen angestellt, die ich im Rahmen eines anderen Buches dieser Trilogie darstellen werde. Diese Untersuchungen haben ergeben, daß begabte Fürbitter im Normalfall täglich zwischen zwei und fünf Stunden im Gebet verbringen. Sie verbringen einen größeren Teil dieser Zeit damit, auf Gottes Stimme zu hören.

Cindy Jacobs charakterisiert Fürbitter als Menschen, die den Willen Gottes auf Erden durchsetzen. Gott hat es so bestimmt, daß sein Wille durch unser Bitten vollbracht wird. Sie sagt: »Indem wir auf der Erde die Herrschaft über die Werke Satans ergreifen und im Namen unseres Königs beten, verschaffen wir seinem Willen auf Erden und im Himmel Geltung.«[16]

Man kann Fürbitter in fast jeder Gemeinde und mit Sicherheit in jeder Stadt, in der es eine Vielzahl von Gemeinden gibt antreffen. Weil sehr wenige Pastoren gleichzeitig Fürbitter sind, brauchen wir, um effektiv für eine Stadt zu beten, sowohl Pastoren als auch Fürbitter. Dabei nehmen die Pastoren weitgehend die Rolle der Personen ein, die leiten können, und die Fürbitter nehmen größtenteils die prophetische Rolle ein. Sie hören Gottes Stimme und können dies an andere weitergeben. Sie sollten eine Gruppe bilden, damit sie sich gegenseitig abstimmen, ermutigen und einander Rechenschaft ablegen können.

Diejenigen, die für die Stadt beten, sollten durch sie, aber auch durch die Pastoren und andere christliche Leiter, die Offenbarungen Gottes bezüglich mehrerer Dinge suchen:

(a) Die erlösende Gabe für die Stadt

John Dawson glaubt, daß jede Stadt von Gott dazu bestimmt ist, ein Ort zu sein, an dem persönliche Befreiung geschehen kann. Er sagt: »Ich glaube, daß Gott mit jeder einzelnen unserer Städte jeweils eigene Absichten verfolgt. Unsere Städte tragen etwas, das ich als erlösende Gabe bezeichne.«[17] Er vertritt sogar die Ansicht, daß es wichtiger ist, die erlösende Gabe einer Stadt herauszufinden, als das Wesen der bösen Mächte zu identifizieren – obwohl natürlich beides gebraucht wird.

Ein Beispiel dafür ist die Stadt Omaha im US-Bundesstaat Nebraska. Geschichtlich betrachtet war Omaha eine Versorgungsstation für die Wagenzüge, mit denen Pioniere nach Westen zogen. Die heute dort lebenden christlichen Leiter sehen in Omaha deswegen ein Zentrum, in dem eine neue Generation von Pionieren ausgebildet und zugerüstet werden soll – diejenigen, die das Evangelium zu den bisher unerreichten Nationen der Erde bringen. Ich stimme John Dawson zu, wenn er dazu bemerkt: »Nun, dies ist eine Vision, für die es sich zu leben lohnt.«[18]

(b) Satans Festungen in der Stadt

Geschichtliche Forschungsarbeit sowie das Erstellen geistlicher Landkarten führen zu einer weiteren Fürbitteaufgabe. Die meisten Fürbitter, die zum Dienst der strategischen geistlichen Kampfführung berufen sind, besitzen die Gabe der Unterscheidung der Geister. Floyd McClung sagt: »Es ist von entscheidender Wichtigkeit, daß die Gabe der Unterscheidung der Geister zur Anwendung kommt. Wir müssen wissen, ob wir es mit dämonischen Mächten oder lediglich mit Sünde und den kulturellen Auswirkungen dieser Sünde zu tun haben. Die beiden sind nicht immer gleichzusetzen.«[19]

McClung berichtet davon, wie er auf einer Dienstreise nach Norwegen darüber verwundert war, daß so viele Gläubige mit tiefsitzenden Ängsten zu kämpfen hatten. Er fand heraus, daß dieses Problem in der ganzen Nation weit verbreitet war. Danach reiste er wieder zurück und entdeckte, wie das Christentum nach Norwegen gekommen war. Ein König war einst durch die Nation gezogen und hatte die Bewohner vor die Wahl gestellt, entweder Christen zu werden oder exekutiert zu werden. Das Christentum war mit einem nationalen Blutbad eingeführt worden! McClung bemerkt dazu folgendes: »Satan nutzt diese Form eines nationalen Traumas aus und versucht, es zur Errichtung von geistlichen Festungen zu gebrauchen.«[20] Fürbitter beten eine solche Information durch und bitten Gott, daß er ihnen offenbart, auf welche Art man mit einem solchem Trauma im einzelnen umgehen soll.

Fürsten und Gewalten können in einer Stadt, in verschiedenen Stadtteilen und sogar in den verschiedenen kleinen Bezirken mehrere Festungen besitzen. Während wir in meiner Heimatstadt unser Gebetsprojekt »Pasadena für Christus« durchführen, stellen wir immer wieder fest, daß es Unterschiede in der geistlichen Atmosphäre gibt. Beispielsweise herrscht in Northwest Pasadena eine andere geistliche Atmosphäre als in Hastings Ranch, und in Linda Vista herrscht wiederum eine andere geistliche Atmosphäre als in East Pasadena. Sogar innerhalb von Northwest Pasadena spüren die Bewohner, daß in der Gegend um King's Manor die geistliche Atmosphäre anders ist als in Howard oder Navarro, wo das Harambee Center von John Perkins steht. Wir haben bislang noch nicht herausgefunden, welche tiefere Bedeutung dies alles hat. Aber wir haben eine von Lou Engle geleitete Gruppe von Fürbittern, die daran arbeitet.

(c) Territoriale Mächte

Soweit dies irgendwie möglich ist, sollten die Fürbitter versuchen, entweder die wirklichen oder die funktionalen Namen der Mächte, die der Stadt als ganzer und die Namen derer, die den verschiedenen geographischen Gegenden oder sozialen oder kulturellen Teilen einer Stadt zugewiesen sind, herauszubekommen. Ich habe im letzten Kapitel das Konzept, Mächte zu benennen, mit seinen Einschränkungen und Stärken dargestellt, und brauche sie deswegen nicht weiter erläutern.

(d) Sünden aus der Vergangenheit und der Gegenwart

Floyd McClungs Geschichte von dem norwegischen König, der all jene ermorden ließ, die keine Christen werden wollten, ist ein Beispiel für eine Sünde aus der Vergangenheit, der man sich stellen muß. Darüber steht einiges in Kapitel 7.

Dort habe ich auch Japan erwähnt. Es ist ermutigend zu wissen, daß die japanischen Leiter die nationale Buße sehr ernst nehmen. 1990 wurden auf sehr hoher Ebene zwei Bitten um Vergebung an Korea gerichtet. Die Church of Christ in Japan hat eine Resolution verfaßt, in der die Sünde Japans bekannt und das koreanische Volk um Vergebung gebeten wird. Pastor Koji Honda ist ein geschätzter älterer Würdenträger der japanischen evangelikalen Christen. Er hat auf dem 1990 in der koreanischen Stadt Seoul abgehaltenen Missionskongreß Asiens ein ausführliches Bekenntnis mit der Bitte um Vergebung gemacht. Er sagte unter vielen anderen Dingen: »Liebe Schwestern und Brüder in Asien, bitte vergebt die Sünden, die euch das japanische Volk in euren Ländern angetan hat. Ich denke dabei ganz speziell an Korea, und ich bitte euch im Namen unseres Herrn und Erlösers noch einmal darum, uns diese widerwärtigen und unverzeihlichen Sünden (die er im einzelnen bereits aufgeführt hatte) zu vergeben.«[21]

Wir wissen von amerikanischen Soziologen, daß die männlichen Amerikaner schwarzer Abstammung sowie die Amerikaner indianischer Abstammung in unserer Nation zu den am stärksten unterdrückten sozialen Gruppierungen gehören. In dem Magazin *Time* stand ein Artikel, in dem die erschreckend nach unten weisende Kurve der durchschnittlichen Lebenserwartung eines Schwarzen analysiert wurde. Wieder einmal wurden die Standardhypothesen darüber abgeklappert, weswegen die Schwarzen so sehr unterdrückt werden. Aber dann war zu lesen, daß die Experten davon überzeugt sind, »daß es dafür noch andere Gründe geben muß«[22]. In dem Artikel wurden mehrere Vermutungen angestellt, wie das zu erklären sei. Aber ich wäre darüber keinesfalls überrascht, wenn sich herausstellen sollte, daß das Problem geistlicher Natur ist. Dies geht auf die schändliche Art und Weise zurück, wie die Angloamerikaner die Schwarzen sowohl in der Vergangenheit als auch in der Gegenwart behandelt haben. Dieses Verhalten war durch und durch sündig und hat hochrangigen geistlichen Fürsten und Gewalten Tür und Tor geöffnet, die auf keine andere Art und Weise geschleift werden können, als daß sich unser gesamtes Volk demütigt und darüber Buße tut. Ich weiß, daß schon einige damit begonnen haben, aber es reicht noch nicht aus.

Wie kann dies geschehen? John Dawson berichtet uns von seinem Dienst in Südafrika. Er war davon überzeugt, daß »Apartheid ein Geist und nicht nur ein politisches Phänomen ist. Dabei handelt es sich um einen Geist, der bis tief in die Zeit der Kolonialisierung Afrikas zurückreicht und dessen Wurzeln letztlich im Götzendienst zu suchen sind.« Mit diesen Worten predigte er über die Sünde der ungerechten Rechtsprechung, führte eine große Menge, die sich aus den verschiedensten Rassen zusammensetzte, dazu, für rassische Vorurteile und Klischees Buße zu tun, und forderte die Anwesenden dazu auf, dem Angehörigen einer anderen Rasse die Füße zu waschen. »Tausende Afrikaner, Zulus, Indianer, Engländer und Farbige lagen einander weinend in den Armen, als sich ein Geist der Versöhnung breitmachte.«[23]

(e) Gottes Schlachtplan und »Timing«

Häufig besteht die Gefahr, geistliche Kampfführung im Fleisch zu praktizieren. Es ist lebenswichtig, von Gott zu hören, was wir nach seinem Willen tun sollen, wie wir es nach seinem Willen tun sollen und wann wir es tun sollen. Dies kann nur durch ernsthaftes Beten geschehen. An dieser Stelle ist die prophetische Dimension des Fürbittdienstes von außerordentlicher Wichtigkeit. Ich werde im nächsten Kapitel noch einige der möglichen Auswirkungen dessen erläutern, die eintreten können, wenn man Gottes Schlachtplan oder den von ihm bestimmten Zeitpunkt verfehlt.

Zusammenfassend möchte ich Ihnen raten, keinerlei geistliche Kampfführung zu betreiben, ohne diesen sechs Grundsätzen Folge zu leisten. Informieren Sie sich. Finden Sie heraus, was andere Christen zu diesem Thema zu sagen haben.

Kapitel 10

Wie man Fehler vermeidet

Strategische geistliche Kampfführung ist nicht für jeden etwas. Mir wurde erzählt, daß die Kampfpiloten, die im Golfkrieg im Einsatz waren, ständig auf irgendwelche Angstsymptome hin untersucht wurden. Wenn nur das geringste Anzeichen zu bemerken war, wurden sie sofort ausgesondert und nach Hause geschickt. Ebenso ist der Kampf gegen geistliche Fürsten und Gewalten kein Tätigkeitsfeld für Ängstliche und Zaghafte. Es handelt sich um Krieg, und man muß mit Opfern rechnen. Ich kenne nur wenige Veteranen in strategischer geistlicher Kampfführung, die nicht Geschichten darüber erzählen könnten, wie sie das eine oder andere Mal verwundet worden sind.

Kriegsopfer

1990 begannen Doris und ich, in Argentinien an die Front zu gehen. Innerhalb weniger Monate hatten wir untereinander die schlimmsten Auseinandersetzungen unserer vierzigjährigen Ehe, wir bekamen mit einem unserer engsten Fürbitter enorme Schwierigkeiten, und Doris war mit herausgesprungenen Wirbeln und durch chirurgische Eingriffe an ihrem Rücken und ihrem Knie über fünf Monate außer Gefecht gesetzt. Für uns und die Leute, die für uns beten, bestand kein Zweifel daran, daß es sich dabei um einen direkten Gegenschlag der Geister handelte, die über unser Eindringen in ihr Territorium aufgebracht waren. Mein guter Freund Larry Lea gehört zu den erfahrensten geistlichen Kämpfern in Amerika. Ich habe bereits vorher erwähnt, daß er mit seinem 1990 in San Francisco durchgeführten Halloween-Gebetsdurchbruch einen großen, öffentlichen Sieg erringen konnte. Dem Feind gelang es trotzdem, Larrys Namen auf der Verlustliste einzutragen. Die folgenden Monate gehörten zu den schlimmsten seines Lebens. Er mußte sich wegen eines Bruchs operieren lassen. Auch er bekam mit einem seiner engsten Fürbitter große Schwierigkeiten. Die Einnahmen seiner Organisation gingen so stark zurück, daß es beängstigend war. Sein Vater starb an Krebs, und es geschahen weitere, derart bizarre Dinge, daß sie hier besser nicht erwähnt werden sollten. Er fragte sich ernsthaft, ob er noch länger im Dienst bleiben sollte.

Obwohl ich nicht glaube, daß wir diese Art von Opfern vermeiden können, die Larry Lea und ich erleben mußten, bin ich doch davon überzeugt, daß wir sie auf ein Mindestmaß reduzieren können, wenn wir noch mehr über strategische geistliche Kampfführung lernen. Amerika war erstaunt darüber, wie wenige Opfer der Golfkrieg erforderte. Meine Hoffnung ist, daß wir es lernen können, geistliche Kampfführung ebenso gut zu betreiben, und daß wir erleben werden, daß die Häufigkeit und die Schwere dieser Opfer deutlich abnimmt.

Aus Fehlern lernen

Es ist nicht schlimm, wenn man Fehler macht oder versagt. Versagen macht mir so lange nichts aus, wie ich meine langfristige Vision nicht aus den Augen verliere, mich nach dem Rückschlag wieder aufraffe, aus meinen Fehlern lerne, wieder voranmarschiere und es vermeide, denselben Fehler noch einmal zu machen.

Ich werde die erste Begegnung von Doris und mir mit Pablo Bottari nie vergessen, den ich bereits in Kapitel 1 als den Leiter des Befreiungsdienstes bei Carlos Annacondias stadtweiten Großveranstaltungen in Argentinien erwähnt habe. Er gab uns eine private Führung durch das Zelt – die von ihm beaufsichtigte »geistliche Intensivstation«. Wir fragten ihn, wie er es denn gelernt habe, sich dieser ungewöhnlichen Art von geistlichem Dienst zu stellen. Er fragte uns: »Wollt ihr es wirklich wissen? Wir haben es dadurch gelernt, daß wir jeden auch nur denkbaren Fehler gemacht haben!« Danach erzählte er uns unter anderm die Geschichte von dem »Dämon der Schlüssel«.

Der »Dämon der Schlüssel«

Eines der interessanten Merkmale von Annacondias Großveranstaltungen besteht darin, daß sie auf freien Plätzen stattfinden und daß es keine Stühle gibt (außer ein paar wenigen, die vorne für die Älteren und Kranken aufgestellt sind). An einem durchschnittlichen Abend stehen zwischen 5000 und 20 000 Menschen von 20.00 Uhr bis 23.00 Uhr auf dem Boden, der oft mit Gras und Unkraut bedeckt ist. Die Beleuchtung ist ausreichend, aber keinesfalls hervorragend.

Auch an diesem Abend begann Annacondia wie gewohnt die bösen Geister in aller Öffentlichkeit scharf zurechtzuweisen. Diese begannen, sich zu manifestieren, dämonisierte Menschen fielen zu Boden, und das besonders ausgebildete Gebetsteam, »Krankenträger« genannt, begann damit, die Menschen aufzuheben und halb getragen, halb geschleppt in das Befreiungszelt zu bringen. Unser Freund stand herum und schaute dem Treiben zu, als ihm die Schlüssel aus der Hand in das Gras und Unkraut fielen. Der arme Mann beugte sich nach vorne und begann, weil das Licht so schlecht war, herumzutasten, um seinen Schlüssel wiederzufinden. Ein Team von Krankenträgern kam vorbei, erblickte ihn und nahm an, daß er ebenfalls dämonisiert sei. Bevor unser Zuschauer ganz begriffen hatte, was ihm geschah, hatten sie ihn unter seinen Armen gepackt und waren dabei, ihn wegzuschleppen.

Er schrie: »Die Schlüssel! Die Schlüssel«, aber es nutzte nichts. Als die Krankenträger ihn ins Befreiungszelt gebracht hatten, meldeten sie, daß er von einem Dämon der Schlüssel angegriffen worden sei! Pablo Bottari hat uns nie verraten, ob der Mann seine Schlüssel jemals wiedergefunden hat.

Vermeidbare Fehler

Pablo Bottari hat wie wir alle Fehler gemacht, und zweifellos werden wir auch noch Fehler machen, aber wir hoffen, daß sie im Laufe der Zeit immer weniger werden. Nachfolgend ist eine Liste der häufigsten Fallen aufgeführt, die bei öffentlicher geistlicher Kampfführung begangen werden. Fehler, deren wir uns bewußt sein und die wir so weit wie möglich vermeiden sollten.

1. Unwissenheit

Unwissenheit steht deshalb an der ersten Stelle meiner Liste möglicher Fallen, weil sie mit Sicherheit das wirksamste Werkzeug des Feindes ist. Es funktioniert auf verschiedene Weise.

Viele Christen haben von geistlicher Kampfführung keine Ahnung. Selbst unter denjenigen, die etwas darüber wissen, sind sich die meisten nicht der Vielfalt an Geistern bewußt. Diejenigen, die nicht einmal wissen, daß ein Krieg tobt, stellen für Satan und sein Heer der Finsternis keine Bedrohung dar.

Dann gibt es eine Gruppe, die darum weiß, daß es strategische geistliche Kampfführung gibt und die Existenz von Fürsten und Gewalten nicht leugnet. Aber weil die Mitglieder dieser Gruppe sich nie die Mühe gemacht haben, dieser Frage tief genug nachzugehen, sind sie zu dem Schluß gekommen, daß es sich hierbei um eine Aktivität handelt, mit der die Gemeinde von heute nichts zu tun hat. Sie sind der Überzeugung, daß diese Praxis theologisch, biblisch und empirisch nicht genügend fundiert ist. Sie haben entschieden, sich nicht in die Armee einzureihen.

Wieder andere wünschen sich, den geistlichen Festungen über einer Stadt oder Nation Schaden zuzufügen, aber sie wissen nicht wie. Zum Glück gibt es über dieses Thema immer mehr Lehre, so daß diese Art der Unwissenheit schon bald der Vergangenheit angehören sollte.

Zu den größten Gefahren zählt jedoch, wenn man in strategische geistliche Kampfführung verwickelt wird, ohne es zu wissen. Ich werde nicht den Namen der Denomination bekanntgeben, aber eine Gruppe junger amerikanischer Christen aus dieser Denomination kämpfte gegen Pornographie. Man beschloß, an dem in Kopenhagen stattfindenden Pornofestival mit der ausdrücklichen Absicht teilzunehmen, dort in aller Öffentlichkeit Pornographie als Sünde anzuprangern, und die Menschen aufzufordern, darüber Buße zu tun. 18 von ihnen fuhren dorthin und predigten Tag für Tag vor Pornoläden und Vorführungen. Sie kamen zurück und berichteten, daß sich Hunderte bekehrt hatten, obwohl spätere Untersuchungen zeigten, daß so gut wie nichts an Frucht übrigblieb. Aber das Schlimmste war, daß innerhalb der nächsten Jahre ausnahmslos jede dieser 18 Personen der Pornographie oder verbotenem Sex verfiel!

Es besteht die Gefahr, daß Unwissenheit über die Welt der Geister zu Dummheit führt. Diese jungen Leute hatten keine Vorstellung davon, daß sie nicht mit Fleisch und Blut, sondern mit Fürsten und Gewalten zu kämpfen hatten, und sie mußten die Konsequenzen tragen.

2. Angst

Viele christliche Leiter fürchten sich innerlich davor, den Feind auf höheren Ebenen anzugreifen. Sie haben erfahren, was Leuten wie Doris Wagner nach ihrem Kampf in Argentinien oder Larry Lea nach San Francisco widerfahren ist, und kommen zu dem Schluß, daß sie nicht wollen, daß ihnen Ähnliches passiert. Diese Angst wird nur selten offen ausgesprochen, weil es gute Gründe dafür gibt, sie nicht einzugestehen. Erstens sind sich diese Leiter sehr wohl darüber bewußt, daß Satan ein für allemal besiegt ist, und sie wissen auch, daß sie keinen Zweifel daran hegen müssen, wer die Schlacht gewinnen wird. Zweitens glauben sie auch, daß vollkommene Liebe alle Angst vertreibt, und daß »wer sich fürchtet, dessen Liebe ist nicht vollendet« (1 Joh 4,18). Das Bekenntnis von Angst könnte einem als Eingeständnis eines Mangels an Liebe ausgelegt werden, und dazu sind nur sehr wenige Leiter bereit.

Floyd McClung von *Jugend mit einer Mission* war einer jener Leiter, die ihre Angst eingestanden. Er erzählt, daß er Fragen über den Teufel gewöhnlich dadurch umging, daß er sagte: »Satan liebt Sünde, Angst und Aufmerksamkeit. Ich gebe ihm nichts von allen dreien.« Aber nachdem er dies einmal zu oft getan hatte, überführte ihn der Heilige Geist, und er demütigte sich vor dem Herrn. Gott sprach innerlich zu ihm und sagte: »Ich bin mit deiner Antwort nicht einverstanden. Du hast genausowenig Ahnung von dem dämonischen Bereich und genausowenig Autorität über Satan wie meine Jünger vor vielen Jahren auch. Deine Antwort spiegelt deine eigenen Ängste wider.«

Dieses Wort des Herrn drehte ihn um. Er bekannte, daß die Antwort auf die obige Fage aus Angst geschah, »eine gut verkleidete Angst, die in theologische Ausdrücke verpackt war – aber eben trotzdem Angst. Ich habe vielleicht einige Leute zum Narren halten können, aber nicht den Herrn.« Worin lag McClungs Problem? »Ich hatte vor Extremismus Angst. Ich hatte Angst vor dem Unbekannten.«[1]

Wir sollten die Macht des Feindes zwar respektieren, aber wir sollten uns nicht vor ihr fürchten. Dies führt mich zur nächsten Falle.

3. Den Feind unterschätzen

Eigentlich hätte ich ja Milchbauer werden sollen, habe als Jugendlicher diesen Beruf gelernt und sogar mein Bakkalaureat (akademischer Abschluß) in Milchproduktion gemacht. Der größte Teil meiner Erfahrung stammt aus der Zeit, in der es noch keine künstliche Besamung gab und Zuchtbullen noch zum täglichen Leben auf dem Bauernhof gehörten. Viele Leute wissen nicht, daß Zuchtbullen (nicht zu verwechseln mit Fleischbullen) zu den bösartigsten Tieren gehören, die man kennt. Wie der Teufel auch, sind sie außerordentlich kräftig und außerordentlich gemein. Geben Sie ihnen auch nur die geringste Möglichkeit, – die Dämonen könnten Sie im ungünstigsten Fall umbringen. Ich stamme aus dem nördlichen Teil des Staates New York. In einer Milchgegend wie dieser erzählt man sich in jedem Dorf andere Geschichten über diejenigen, die von den Bullen entweder schwer verwundet oder umgebracht worden sind.

Einer der Gründe, weswegen ich nie dem Angriff eines Bullen zum Opfer gefallen bin, ist darin zu suchen, daß ich großen Respekt vor ihnen habe. Ich weiß, was sie tun können. Aber ich habe keine Angst vor ihnen. Ich schaffe es, daß ein Zuchtbulle fast alles macht, was ich von ihm will. Ich habe längst nicht die Kraft eines solchen Bullen, aber ich kann ihn beispielsweise wie ein kleines Kätzchen in eine Arena führen.

Satan und seine Kräfte sind ähnlich. Martin Luther sagte: »Auf der Erde gibt es keinen, der ihm gleich ist.« Aber durch das Blut Jesu Christi und durch unsere Waffen der geistlichen Kampfführung brauchen wir ihn nicht zu fürchten. Sie können in der gleichen Minute, in der Sie seine

Macht unterschätzen und Ihren Respekt vor ihm verlieren, ein toter Mann sein.

Ich berichte dies nur ungern, aber manche haben im strategischen geistlichen Kampf wirklich ihr Leben lassen müssen. Wilson Awasu ist einer meiner Studenten am Fuller Seminary und kommt aus Ghana. Er hat eine Forschungsarbeit geschrieben, in der er den Fall eines presbyterianischen Pastors beschreibt, der angeordnet hatte, einen Baum zu fällen, der von Satanspriestern als Heiligtum verehrt wurde. In dem Moment, als der Baum fiel, sank auch er tot zu Boden.

Johannes Facius aus Deutschland ist der Koordinator der *internationalen Fürbitter* und zählt zu den am höchsten geschätzten geistlichen Kämpfern. Ich betone dies deswegen so stark, weil ich deutlich machen will, daß wir über keinen Anfänger, sondern über einen Veteranen sprechen. Er berichtet, wie 1986 ein Team von Fürbittern in die damalige Sowjetunion fuhr und das Leninmausoleum in Moskau betrat. Sie spürten, daß sie das Gericht über den »Gott des sowjetischen Systems«, Vladimir Lenin, ausrufen sollten.

Wir wissen nicht genau, was in diesem Moment in den himmlischen Regionen geschah. Wir wissen, daß der sowjetische Kommunismus bald darauf zu zerbröckeln begann. Aber Facius sagt: »Durch dieses Vorgehen gegen den Feind wurde ich so schwer wie selten zuvor mit Krankheit geschlagen.« Der erste Angriff dauerte nur einen Tag, aber bald darauf kam eine schwächende Herzkrankheit. Facius betrachtet dies als einen Gegenangriff durch den Geist des Todes, dem sie im Leninmausoleum Widerstand geleistet hatten. Drei Jahre schwerer Depressionen folgten. Danach wurde er in einer Gebetssitzung befreit, die weniger als 30 Sekunden dauerte![2]

Als Facius den Geist des Todes erwähnte, schauderte mir, denn Doris und ich sind davon überzeugt, daß San La Muerte, der Geist des Todes aus der argentinischen Stadt Resistencia, die Angriffe auf Doris verübt hatte.

4. Geistliche Überheblichkeit

Wenn wir uns in geistlicher Kampfführung engagieren und erwarten, daß wir Gottes Vollmacht haben, ohne von unserer Seite aus demütig zu sein, dann werden wir in Schwierigkeiten kommen. Paulus sagte zu den Korinthern: Ich kam »in Schwäche und in Furcht, zitternd und bebend zu euch« (1 Kor 2,3) und »wenn ich schwach bin, dann bin ich stark« (2 Kor 12,10). Paulus war gleichzeitig einer der vollmächtigsten geistlichen Kämpfer im Neuen Testament. Vor ihm hatte auch eine Diana von Ephesus keine Chance! Effektive geistliche Kampfführung erfordert ein Gleichgewicht zwischen Schwäche und Macht.

Johannes Facius gibt zu, daß ein Teil seiner Schwierigkeiten darin verborgen lag. Er wußte, daß er in einer ungebrochenen, engen und vertrauensvollen Gemeinschaft mit dem Herrn hätte stehen sollen. Aber er ließ es aus seinen Händen gleiten. Facius sagt: »Aufgrund zu großer Geschäftigkeit – ich hatte für den Herrn viel zu tun – geriet ich an den Punkt, an dem ich meine Abhängigkeit gegenüber dem Herrn fallenließ.«[3]

5. Fehlende persönliche Fürbitte

Ich glaube, daß Fürbitte für christliche Leiter die in unseren Gemeinden heutzutage am wenigsten in Anspruch genommene Quelle geistlicher Kraft ist.

Mein Rat lautet, daß niemand mit strategischer geistlicher Kampfführung zu tun bekommen sollte, der nicht die ausdrückliche Zusicherung hat, daß er durch Fürbittgebet abgedeckt ist. Paulus selbst bat im 6. Kapitel des Briefes an die Epheser, der berühmten Schriftstelle über geistliche Kampfführung, die Epheser darum, für ihn Fürbitte zu tun (Eph 6,19). Die Kolosser bat er um das gleiche (Kol 4,3).

Die Kräfte der Finsternis sind sich nur zu gut der Macht bewußt, die durch Fürbitter freigesetzt wird, während Leiter in geistlicher Kampfführung dienen. In nur wenigen Monaten habe ich erlebt, wie drei Leiter auf dem Gebiet der geistlichen Kampfführung ihre Nummer-1-Fürbitter verloren: Larry Lea, Edgardo Silvoso und ich. Die Umstände waren jedesmal andere, das bedeutet, daß Satan seine Taktik verändert. Ich habe zu Beginn dieses Kapitels Larry Lea und mich selbst erwähnt. Edgardo Silvosos Situation ist eine eigene Geschichte. Ich habe die Namen und Plätze geändert, damit keine unnötigen Peinlichkeiten entstehen können.

Silvosos Fürbitter ließ es zu, daß sich in ihm Eifersucht breitmachte, als jemand von außen in sein Gebiet kam und die dort lebenden Menschen in ein sehr vollmächtiges Kampfgebet leitete. Eines Abends bat der Fürbitter, den wir hier einmal Henry nennen, seinen Zimmernachbarn darum, mit ihm zusammen in die Stadt zu gehen, um gegen die Geister zu kämpfen. Er wollte wohl sich und seinem Zimmernachbarn beweisen, daß er auch geistliche Vollmacht besaß. Nachdem sie wieder in ihr Hotel zurückgekommen und zu Bett gegangen waren, traten plötzlich zwei Frauen, eine blonde und brünette, in ihr Zimmer. Sie sagten Henry, daß er frei wählen dürfe, mit welcher von ihnen beiden er schlafen wolle. Sein Zimmernachbar schlief. Henry sprang aus dem Bett und schloß sich im Badezimmer ein. Die beiden Frauen verließen das Zimmer, und er ging wieder in sein Bett. Schneller als er reagieren konnte, standen plötzlich drei Frauen im Zimmer, die beiden von vorhin zusammen mit einer dritten. Sie sagten: »Wenn du uns nicht willst, warum schläfst du dann nicht mit ihr?« Henry sprang aus dem Bett und rannte aus dem Zimmer.

Als er wieder zurückkam, waren die Frauen gegangen, aber sein Zimmernachbar wachte mit Erstickungsanfällen auf und schwitzte am ganzen Körper. Er atmete kaum mehr, und sie befürchteten schon, daß er sterben würde. Sie beteten, und der Angriff wich.

Am nächsten Abend fuhr Henry den Kleinbus mit hoher Geschwindigkeit in die Stadt, in der er lebte. Plötzlich war sein Körper unterhalb der Gürtellinie gelähmt, er rang nach Atem, als ob jemand seine Hände um seinen Hals legte, und der Kleinbus schleuderte von der Autobahn. Er konnte seinen Mitfahrern gerade noch zurufen: »Bitte betet!« Der Kleinbus überschlug sich auf wundersame Art und Weise nicht, kam zum Stehen, und niemand wurde verletzt. Sie erfuhren später, daß die Person, auf die er eifersüchtig geworden war, zusammen mit zwei anderen Freunden genau in diesem Moment von Gott gehört hatte, daß sie für Henry beten sollten. Sie beteten inbrünstig, und Gott antwortete!

Die gute Nachricht lautet, daß niemand verletzt wurde. Die schlechte Nachricht ist die, daß der vorher als treuer Fürbitter bekannte Henry seitdem nicht mehr in der Lage war, vollmächtig zu beten.

Hoffentlich wird dieser Zustand wie bei Johannes Facius nur für eine begrenzte Zeit andauern. Johannes Facius gibt zu, daß dies auch eine seiner Schwierigkeiten gewesen sei. Er sagt: »Wir müssen wie der Apostel Paulus um den Gebetsschutz von Mitchristen bitten. Wir müssen für alle unsere strategischen und kämpferischen Aktionen Gebetspartner verpflichten.«[4]

6. Gebet ohne Führung

Ich bin schon mehrmals darauf eingegangen, daß es bei strategischer geistlicher Kampfführung entscheidend darauf ankommt, daß man durch Gebet eine enge und vertrauensvolle Beziehung mit dem Vater entwickelt und die Fähigkeit erworben hat, sehen zu können, was der Vater gerade tut. Wenn dies nicht der Fall ist, dann können unsere Gebete nicht vom Geist Gottes geführt werden und sind dadurch schwach. Wesley Duewel schreibt: »Wenn Sie Ihre Fürbitte auf Ihr eigenes Verstehen einschränken, dann verfehlen Sie vielleicht nicht nur die Ziele Gottes, sondern hindern ihn sogar an der Ausführung seines Planes. Warten Sie so lange auf Gott, bis er Ihnen seinen Willen bestätigt hat.«[5] Die Voraussetzung dafür ist natürlich, daß man während des Betens auf Gott hört.

Mir hat Duewels Geschichte über die Fürbitterin Ed Spahr gut gefallen. Sie wurde eines Nachts aufgeweckt, um für den Missionar Jerry Rose in Irian Jaya zu beten. Dies war so klar, daß sie Jerry Rose am nächsten

Tag einen Brief schrieb, und ihm alles erzählte. Er bekam von weiteren vier Gebetspartnern Briefe, die ihm alle schrieben, daß Gott ihnen zu genau der gleichen Zeit gesagt habe, daß sie für ihn beten sollten. In dem Moment, an dem alle fünf beteten, stand Rose mit auf den Rücken gebundenen Armen da, und ein steinzeitlicher Wilder wollte ihm gerade einen Speer durch seinen Leib bohren. Aber bevor er sein Vorhaben ausführen konnte, stand ein anderer Mann dieses Stammes auf, sagte etwas zu dem Mann mit dem Speer, woraufhin Jerry sofort freigelassen wurde!

Dies ist ein Beispiel für geistgeführtes Gebet. Es ist die einzige Art von Gebet, die die Mächte der Finsternis bewegt.[6]

7. Ein schlecht gewählter Zeitpunkt

Che Ahn ist ein guter Freund von mir und gleichzeitig einer der Pastoren vor Ort, die mit mir in dem Projekt »Pasadena für Christus« zusammenarbeiten. Er erzählte mir, wie seine Gemeinde vor kurzem durch einen sehr einschneidenden Monat des Fastens und Betens ging. Unter den vielen Dingen, die Gott ihnen in dieser Zeit zeigte, war, daß über dem Rathaus einige der mächtigsten territorialen Geister thronten. Daraufhin versammelten sie eines Abends ein Team von 30 Leuten und gingen zum Rathaus, um die Mächte zu besiegen.

Sie hatten noch nicht sehr lange gebetet, als sie plötzlich erkannten, daß sie sich in geistlicher Kampfführung auf hoher Ebene befanden. Als Che an jenem Abend nach Hause ging, erlitt er den schlimmsten Heuschnupfenanfall seit seiner Kindheit. Plötzlich hatten seine Kinder jede Nacht Alpträume! Sie sahen, wie Menschen geköpft, wie ihnen Glieder abgerissen und wie ihr eigener Vater ermordet wurde. Che erklärte mir, es sei unmöglich, daß die Phantasie seiner Kinder auf natürliche Weise mit solchen Dingen vollgestopft worden ist. Die Familie Ahn besaß nämlich keinen Fernseher. Das Problem mußte geistlicher Natur sein.

Als wir über die ganze Sache sprachen, kamen wir zu dem Schluß, daß – obwohl die Offenbarung zweifellos richtig war – wahrscheinlich der Zeitpunkt für den öffentlichen geistlichen Kampf schlecht gewählt worden war. Vielleicht war es nicht Gottes *Kairos* oder der strategische, für das Aufeinandertreffen der Mächte bestimmte Zeitpunkt gewesen.

In meiner Nachbarstadt gab es einen ähnlichen Vorfall, bei dem auch der Zeitpunkt schlecht gewählt war. Die Fürbitterin Leigh Jackson trug schon seit 1985 den Gedanken in sich, eine Gebetsbewegung für ihre Stadt ins Leben zu rufen. Nach mehreren erfolgreichen Gebetstreffen rief sie dann im April 1988 die Pastoren der Stadt zusammen, um im Ratszimmer des Rathauses für die Stadt zu beten. Zu ihrer großen Bestürzung riß einer der Pastoren die Leitung des Treffens an sich und führte es in eine

Richtung, die der Vision, die sie bekommen hatte, widersprach. Leigh dachte, daß sie als Frau nicht die Leitung ergreifen und dagegen einschreiten könnte. Die Gebetsbewegung war abgewürgt.

Sie nahm 1989 einen weiteren Anlauf, und es sollte sich herausstellen, daß auch dies ein Frühstart war. Sie mußte bis Ende 1990 warten, bis sie endlich von Gott den richtigen Zeitpunkt erfuhr. Während ich dieses Buch schreibe, hat die von ihr erhoffte Gebetsbewegung bereits begonnen.

Viele von uns neigen dazu, ungeduldig zu sein. Ich gehöre auch dazu. Sobald wir einmal wissen, was getan werden sollte, wollen wir es sofort tun. Aber wenn wir Gott vorausstürmen, brauchen wir erst gar nicht damit zu rechnen, daß irgend etwas Entscheidendes geschehen wird, denn es wird im Fleisch und nicht im Geist geschehen.

8. Phrasendrescherei

Ich habe unter anderem Bedenken, daß sich manche für strategische geistliche Kampfführung interessieren werden, dies dann aber so unweise tun, daß ihr vieles Beten letztlich nichts anderes als Phrasendrescherei sein wird. Sie machen nur Krach, anstatt den Feind zurückzudrängen.

Einige der erfahrenen Autoren lassen uns die Gebete wissen, die sie mit Erfolg angewendet haben. Diese Gebete sind gut, und es ist nichts dagegen einzuwenden, wenn man sie immer wieder einsetzt. Die Gläubigen, die aus liturgischen Traditionen kommen, haben herausgefunden, daß durch den Gebrauch von Gebeten, die von anderen geschrieben worden sind, große geistliche Kraft freigesetzt werden kann.

Man muß aber auch der Gefahr ins Auge sehen, daß unreifere Gläubige in die Falle treten können, diese Gebete wie magische Formeln zu gebrauchen. Man muß nur die richtigen Worte sagen und sie laut genug schreien, und schon ist Satan geschlagen. Wenn ein Gebet bei Dick Bernal, Tom White oder Gwen Shaw funktioniert hat, dann wird es auch bei mir funktionieren.

Ich glaube nicht, daß Phrasendrescherei zu den schlimmsten oder gefährlichsten Fallen gehört, in die man treten kann. Meistens geschieht überhaupt nichts, weil weder Gott noch irgendwelche Mächte dem ganzen große Aufmerksamkeit schenken. Gefährlich wird es erst dann, wenn ein Beter denkt, daß in den himmlischen Räumen etwas geschieht und aufgrund dieser Vermutung handelt.

9. Fehlender Schutz

Wenn Bücher wie das vorliegende Sie begeistern, und wenn Sie sich in die Armee Gottes einreihen wollen, um darin strategische geistliche Kampfführung zu praktizieren, dann rate ich Ihnen, dies unter keinen Umständen ohne den Schutz Ihrer geistlichen Leiter zu tun. Ihr Pastor und die Ältesten in Ihrer Gemeinde sind von Gott dazu berufen und bevollmächtigt, sich um Ihr geistliches Wohlergehen zu kümmern. Wenn Sie diesen geistlichen Schutz nicht haben, dann sind Sie verletzbar und könnten schweren Angriffen ausgesetzt werden.

Damit will ich nicht sagen, daß Ihr Pastor unbedingt dabei sein muß, wenn Sie konkret damit anfangen, geistliche Kampfführung zu praktizieren. Aber er muß Ihnen ausdrücklich in der einen oder anderen Form seinen Segen dazu geben.

Die Anwendung dieses Prinzips stellt für die meisten kein Problem dar. Aber auf der höchsten Ebene christlicher Leiterschaft wird es dann doch komplexer. Wer leitet den Pastor bzw. Leiter? Ich persönlich habe mit diesem Problem jahrelang zu kämpfen gehabt. Die Gemeinde, zu der ich gehöre, ist so groß, daß derjenige, der den Titel des Hauptpastors trägt, gewöhnlich viel zu beschäftigt ist, um sich pastoral mir oder meiner Familie widmen zu können. Gott hat vor kurzem dieses Problem wieder in mein Blickfeld gebracht, als ich las, was Johannes Facius sagte: »Ich glaube, daß jeder von uns – Diener Gottes eingeschlossen – einen Pastor braucht.« Danach erwähnt er den Namen der Person, die sein Pastor ist, obwohl er in einem anderen Land lebt.[7]

Doris und ich beteten für die Angelegenheit und einigten uns darauf, John Maxwell und seine Frau Margaret daraufhin anzusprechen, weil wir herausfinden wollten, ob sie bereit wären, diese Last zu tragen. Sie stimmten bereitwillig zu, und ich glaube, daß diese Beziehung noch lange halten wird. Obwohl Johns Gemeinde in San Diego über 150 Kilometer entfernt liegt, gibt er mir nun als mein geistlicher Vater den Schutz und die geistliche Autorität, die ich für meinen Dienst brauche.

10. Allein vorgehen

Planen oder versuchen Sie niemals, alleine strategische geistliche Kampfführung zu betreiben. Jesus sagte, daß er dort gegenwärtig ist, wo zwei oder drei in seinem Namen versammelt sind. Dies ist nur eine andere Art, um zu sagen, daß es mehr als einer sein sollte. »Wenn zwei zusammen schlafen, wärmt einer den anderen; einer allein – wie soll er warm werden?« (Koh 4,11).

Mir wurde dies durch ein Gespräch bewußt, das ich kürzlich mit Alfred H. Ells, einem christlichen Eheberater aus Phoenix, geführt habe. Er erzählte mir, wie er in der Weihnachtszeit mit seinem Auto in die Stadt fuhr und dabei im Radio hörte, daß die Organisation ACLU bei der Stadt die Eingabe gemacht hatte, daß die Stadt den ganzen von ihr aufgestellten, öffentlichen Weihnachtsschmuck wieder abnehmen sollte. Er wurde wütend und begann in seinem Auto, laut den Geist des ACLU zu verfluchen. Sofort sah er in einer Vision ein häßliches Wesen und spürte einen Schlag in seiner Seite. Er drehte sich und fragte: »Was ist das?« und bekam gleich darauf wie mit einer Faust einen harten Schlag in die linke Gesichtshälfte. Er hatte schreckliche Schmerzen. Er konnte kaum noch seinen Mund öffnen. Als er wieder im Büro war, legten ihm einige die Hände auf, beteten, und der Schmerz war verschwunden.

Alfred betete später über diesen Vorfall und fragte Gott: »Was war denn los?« Gott antwortete ihm: »Du hattest nicht den Auftrag, dies zu tun!«

Rückblickend können wir erkennen, daß Alfred Ells in eine der Fallen getreten war, die hier aufgelistet sind. Eine davon war die, allein gegen den Geist anzugehen.

Was Kampfgebet bewirken kann

Die Begebenheit, als Elija gegen Baal kämpfte, gehört zu den dramatischsten Beispielen für das Kampfgebet in der Bibel. Baal war eine klassische herrschende Macht. Er war der Fürst über die Phönizier und Kanaaniter. Ich weiß nicht genau, wo die geographische Grenze seiner Herrschaft lag, aber ich weiß mit Sicherheit, daß es sich bei ihm nicht um den Geist über China oder Skandinavien oder den Anden-Indios oder um den Geist der australischen Ureinwohner handelte, um nur einige der damals schon existierenden Geister zu nennen.

Baal war es gelungen, die Ergebenheit von König Ahab zu erlangen, welcher Isebel heiratete, sich zur Anbetung des Baals bekehrte und diesem bösen Fürsten einen Tempel und Altar erbaute.

Gott berief Elija, die geistliche Kampfführung zu leiten. Der Bericht steht in 1. Könige, Kapitel 17 bis 19. Elija kämpfte nicht so sehr mit Fleisch und Blut (Isebel und Ahab), sondern gegen Fürsten und Gewalten (Baal und seine Heerscharen der Finsternis). Der Aufeinanderprall der Mächte bildet den Höhepunkt dieses Berichts.

Im Verlauf siner Vorbereitung auf diesen Aufeinanderprall der Mächte prophezeite Elija in aller Öffentlichkeit, daß eine Trockenzeit über das Land kommen würde. Indem Gott Elija Vögel als Nahrung brachte und das Essen im Haus der Witwe vervielfältigte, brachte er Elija durch diese Zeit. Er erinnerte ihn an seine Macht, indem er den Sohn der Witwe von den Toten auferweckte.

Dann kam der von Gott gesetzte Zeitpunkt (der *Kairos*), an dem der Baal besiegt werden und die Trockenheit ein Ende nehmen sollte. Elija verkündete, daß es bald regnen würde, und forderte dann den Baal öffentlich durch König Ahab zum Kampf heraus. Wir wissen alle, was dann geschah. Baal war nicht in der Lage, das Feuer zu entfachen, das seine Priester herunterriefen, und Gott tat es, obwohl das ganze Brennholz zuvor mit Wasser übergossen worden war. Die Schande in der Öffentlichkeit war so groß, daß 450 Baalspriester hingerichtet wurden.

In dem Moment, als die Macht dieses territorialen Geistes gebrochen worden war, kam der Regen!

Aber auch der Gegenangriff ließ nicht auf sich warten. Isebel raste vor Wut. Elija, vom Kampf geschwächt, suchte das Weite. Gott sandte einen Engel, der ihm Nahrung brachte, aber er litt eine längere Zeit unter schweren Depressionen. Gott begegnete ihm und sagte ihm mit einer ruhigen und leisen Stimme, daß es noch weitere 7 000 Nachfolger Jahwes gab.

Ein großartiges Finale

Danach schenkte Gott Elija ein großartiges Finale. Er salbte einen neuen König. Er erkannte seinen Nachfolger, Elischa. Er fuhr in einem brennenden Wagen in den Himmel auf. Und, er war zusammen mit Mose eine der beiden aus der Vergangenheit ausgewählten Personen, die Jesus auf dem Berg der Verklärung begegneten. Was für eine Belohnung für einen treuen Kämpfer!

Aber wo tritt *Kampfgebet* auf den Plan? Nirgendwo in 1. Könige steht, daß Elija betete.

Gott läßt uns nicht darüber im unklaren, ob Elija nun gebetet hat oder nicht. Durch Jakobus läßt er uns wissen, daß Elijas wichtigste geistliche Waffe die gleiche Waffe ist, die auch uns zur Verfügung steht: *Kampfgebet*. »Elija war ein Mensch wie wir; er betete inständig, es solle nicht regnen, und es regnete drei Jahre und sechs Monate nicht auf der Erde. Und er betete wieder; da gab der Himmel Regen, und die Erde brachte ihre Früchte hervor« (Jak 5,17–18).

In welchem Zusammenhang steht das von Jakobus erwähnte Gebet, von dem wir wissen, daß es das Kampfgebet von 1. Könige ist?

Er benutzt es, um ein Beispiel für das Prinzip zu geben, daß »das inständige Gebet eines Gerechten« viel vermag (Jak 5,16).

Dies ist ein weiteres Beispiel dafür, daß Gott uns, sein Volk, zum Kampfgebet gerufen hat und immer noch ruft. Wer Ohren hat, der höre, was der Geist den Gemeinden sagt.

ANMERKUNGEN

Kapitel 1 · Der Kampf an der Front

1. Anmerkung des Übersetzers: Die Evangelikalen sind in den USA eine große, recht geschlossene Bewegung, sogar mit politischer Stimme. Allerdings ist ihre Bezeichnung kaum identisch mit unserem Gebrauch des Namens in Deutschland.
2. Frank E. Peretti, *Die Finsternis dieser Welt* (Wiesbaden: Projektion J Verlag GmbH, 1990) und *Licht in der Finsternis* (Wiesbaden: Projektion J Verlag GmbH, 1991).
3. Stephen Strang, »Revival Surges in Argentina«, *Charisma and Christian Life*, April 1989, S. 34.
4. Edgardo Silvoso, »Prayer Power in Argentina«, *Territorial Spirits*, Hrsg. C. Peter Wagner (Chinchester, England: Sovereign World Limited, 1991), S. 110.
5. Daniel E. Wray, »Revivé Argentina!«, *Eternity,* Ausgabe vom Juli/August, 1987, S. 22.
6. Edgardo Silvoso, »Argentina: Battleground of the Spirit«, *World Christian*, Ausgabe Oktober 1989, S. 16.
7. Für weitere Informationen über die evangelistischen Prinzipien, die Edgardo Silvoso in dem Plan Rosario angewandt hat, siehe: C. Peter Wagner, *Strategies for Church Growth* (Ventura, Calif.: Regal Books, 1987); deutsch: *Neun Strategien für den Gemeindeaufbau* (Frankfurt a. M.: Aquila Verlag, 1991).

Kapitel 2 · Der wahre Kampf ist geistlicher Natur

1. Cindy Jacobs, *Die Tore des Feindes besitzen* (Lörrach: W. Simson Verlag, 1992).
2. George Otis, jun., *Der letzte Gigant* (Lörrach: W. Simson Verlag, 1992).

Kapitel 3 · Jesus in der Offensive

1. O. Bocher, »Wilderness« (Wildnis), *The New International Dictionary of New Testament Theology*, Hrsg. Colin Brown, Band 3 (Grand Rapids, Mich.: Zondervan Publishing House, 1978), S. 1005 und 1008.
2. Colin Brown, *That You May Believe: Miracles and Faith Then and Now* (Grand Rapids, Mich.: B. Eerdmans Publishing Company, 1985).
3. C. Peter Wagner, *Der gesunde Aufbruch* (Lörrach: Wolfgang Simson Verlag, 1989), S. 147.
4. W. Gunther, »Fight« (Kampf), *The New International Dictionary of New Testament Theology*, Hrsg. Colin Brown, Band 1 (Grand Rapids, Mich.: Zondervan Publishing House, 1978), S. 650.
5. Timothy M. Warner, »Deception: Satan's Chief Tactic«, *Wrestling with Dark Angels*, Hrsg. C. Peter Wagner und F. Douglas Pennoyer (Ventura, Calif.: Regal Books, 1990), S. 102–103.
6. Walter Winks einflußreiche Trilogie beinhaltet die Bücher *Naming the Powers*, *Unmasking the Powers* und *Engaging the Powers*, alle bei Fortress Press.

7   Charles H. Kraft, »Encounter in Christian Witness«, *Evangelical Missions Quarterly*, Juli 1991, S. 258–265.
8   D. Mueller, »Height«, *The New International Dictionary of New Testament Theology*, Hrsg. Colin Brown, Band 2 (Grand Rapids, Mich.: Zondervan Publishing House, 1978) S. 200.
9   Ein auch in Deutschland unter dem Titel *Gott persönlich kennenlernen* bekanntes evangelistisches Traktat.
10 Susan R. Garrett, *The Demise of the Devil: Magic and the Demonic in Luke's Writings* (Minneapolis, Minn.: Fortress Press, 1989), S. 84.
11 Clinton E. Arnold, *Ephesians: Power and Magic* (Cambridge, England: Cambridge University Press, 1989), S. 14, 18.
12 Ebd., S. 1.
13 Susan R. Garrett, *The Demise of the Devil*, S. 97.
14 Ebd., S. 86.
15 Ebd., S. 101.
16 Ebd., S. 108–109.

Kapitel 4 · Dämonen hinter jedem Busch

1   George Schwab, Hrsg., *Tribes of the Liberian Hinterland*, in: Report of the Peabody Museum Expedition to Liberia, (Cambridge Mass., 1947), S. 163.
2   Richard Collingridge, diese Fallstudie ist der Seminararbeit *Demons and Idols* entnommen, die Richard Collingridge im Rahmen seines Studiums am Fuller Seminary im April 1986 verfaßt hat.
3   Paul Eshleman, *I Just Saw Jesus* (San Bernardino, Calif.: Campus für Christus, 1985); deutsch: *Wunder um den »Jesus«-Film* (Neuhausen: Hänssler Verlag).
4   Roy Rosedale, »Mobile Training Centers: Key to Growth in Thailand«, *Evangelical Missions Quarterly*, Oktober 1989, S. 402–409.
5   Paul Eshleman, *I Just Saw Jesus* (San Bernardino, Calif.: Campus für Christus, 1985), S. 112; deutsch: *Wunder um den »Jesus«-Film* (Neuhausen: Hänssler Verlag).
6   Ebd.
7   Ich habe diese Hypothese auch in meinem Kapitel »Territoriale Mächte«, in: C. Peter Wagner und Douglas Pennoyer, Hrsg., *Wrestling with Dark Angels* (Ventura, Calif.: Regal Books, 1990), S. 77 wiedergegeben.
8   George Eldon Ladd, *A Theology of the New Testament* (Grand Rapids, Mich.: W. B. Eerdmans Publishing Company, 1974), S. 400–401.
9   Leon Morris, *The First Epistle of Paul to the Corinthians: An Introduction and Commentary* (Grand Rapids, Mich.: W. B. Eerdmans Publishing Company, 1958), S. 147.
10 Leland Webb, »Spiritual Warfare: Reports from the Front«, in: *The Commission*, Ausgabe Februar/März 1991, S. 30.
11 David W. Shenk und Ervin R. Stutzman, *Creating Communities of the Kingdom* (Scottdale, Penn.: Herald Press, 1988), S. 69.
12 Michael Harper, *Spiritual Warfare* (London, England: Hodder & Stoughton, 1970), S. 106.
13 Robert Dom Petipierre, Hrsg., *Exorcism: The Report of a Commission Convened by the Bishop of Exeter* (London, England: S.P.C.K., 1972), S. 9.
14 Ebd., S. 21–22.
15 Vivienne Stacey, »The Practice of Exorcism and Healing«, *Muslims and Christians on the Emmaus Road*, Hrsg. J. Dudley Woodberry (Monrovia, Calif.: MARC, 1989), S. 298–300.
16 James Marocco, *Territorial Spirits* in einer Forschungsarbeit, die im Fuller Theological Seminary verfaßt wurde, 1988, S. 5.
17 Don Crawford, *Miracles in Indonesia* (Wheaton, Ill.: Tyndale House Publishers, 1972), S. 144.

18 Clive Staples Lewis, *Dienstanweisung an einen Unterteufel* (Freiburg im Breisgau: Verlag Herder, 1990), S. 7.

Kapitel 5 · Dämonische Territorialherrschaft – damals und heute

1   Susan R. Garrett, *The Demise of the Devil* (Minneapolis, Minn.: Fortress Press, 1989), S. 101.
2   Ebd., S. 40.
3   F. F. Bruce, *The Epistle to the Hebrews* (Grand Rapids, Mich.: W. B. Eerdmans Publishing Co., 1964), S. 33.
4   Don Williams, *Signs, Wonders and the Kingdom of God* (Ann Arbor, Mich.: Vine Books, Servant Publications), 1989, S. 35.
5   *Interpreter's Dictionary of the Bible* (Nashville, Tenn.: Abingdon Press, 1962), Band 1, S. 376.
6   C. F. Keil, *Biblical Commentary on the Book of Daniel* (Grand Rapids, Mich.: W. B. Eerdmans Publishing Co., 1949), S. 416 ; deutsch: *Die kleinen Propheten* (Giessen/Basel Brunnen Verlag, ⁴1985).
7   Susan R. Garrett, *The Demise of the Devil*, S. 43.
8   Walter Wink, *Unmasking the Powers* (Minneapolis, Minn.: Fortress Press, 1986), S. 88.
9   Ebd., S. 89.
10 Ebd., S. 91.
11 Walter Wink, »Prayer and the Powers«, *Sojourners*, Oktober 1990, S. 10.
12 Ronald J. Sider, *Christ and Violence* (Scottdale, Penn.: Herald Press, 1979), S. 50; deutsch: *Jesus und die Gewalt* (Witten: Bundes Verlag e.G., 1982).
13 Leon Morris, *New Testament Theology* (Grand Rapids, Mich.: Academie Books, Zondervan Publishing House, 1986), S. 66.
14 Clinton E. Arnold, *Ephesians: Power and Magic* (Cambridge, England: Cambridge University Press, 1989), S. 27.
15 Ebd., S. 21.
16 Ebd., S. 27.
17 Ramsay MacMullen, *Christianizing the Roman Empire, A. D. 100–400* (New Haven, CT.: Yale University Press, 1984), S. 26.
18 Arnold, *Ephesians: Power and Magic*, S.28.
19 Charles H. Kraft, *Christianity with Power* (Servant Publications, Ann Arbor, Mich.: Vine Books, 1989), S. 27; deutsch: *Abschied vom aufgeklärten Christentum* (Lörrach: W. Simson Verlag, 1991).
20 Jacob Loewen, »Welchen Gott verkündigen Missionare?«, in: *Territoriale Mächte*, Hrsg. C. Peter Wagner (Solingen: Verlag Gottfried Bernard, 1991), S. 207.
21 Ebd., S. 169.
22 David Lan, *Guns and Rain: Guerillas and Spirit Mediums in Zimbabwe* (Berkeley, Calif.: University of California Press, 1985), S. 34.
23 Vernon J. Sterk, »Territoriale Mächte und Evangelisation in feindlich gesinnten Umfeldern«, in: *Territoriale Mächte*, Hrsg. C. Peter Wagner (Solingen: Verlag Gottfried Bernard, 1991), S. 188.
24 Ebd., S. 189.
25 Ebd., S. 195.

Kapitel 6 · Die Ausbildung der Kämpfer

1   S. D. Gordon, *Quiet Talks on Prayer* (New York, NY.: Fleming H. Revell Company, 1904), S. 120.

2 John Wimber, »Prayer: Intimacy with God«, im Magazin *Equipping the Saints*, Ausgabe vom November/Dezember 1987, S. 3.
3 John Bisagno, *The Power of Positive Praying* (Grand Rapids, Mich.: Zondervan Publishing House, 1965), S. 71.
4 Larry Lea, *Could You Not Tarry One Hour?* (Altamonte Springs, Florida: Creation House, 1987); deutsch: *Könnt Ihr nicht eine Stunde mit mir wachen,* Teil 1 (Remscheid: Worte des Lebens e.V., 1989).
5 Ebd.
6 Francis Frangipane, *The House of the Lord* (Lake Mary, Florida: Creation House, 1991), S. 147.
7 Larry Lea, *Nicht mit Fleisch und Blut* (Remscheid: Worte des Lebens e.V., 1990), S. 153.
8 Walter Wink, *Naming the Powers* (Minneapolis, Minn.: Fortress Press, 1984), S. 86.
9 Clinton E. Arnold, *Ephesians: Power and Magic* (Cambridge, England: Cambridge University Press, 1989), S. 119–120.

Kapitel 7 · Sündenvergebung für eine ganze Nation

1 Francis Frangipane, *The House of the Lord* (Lake Mary, Florida: Creation House, 1991), S. 153.
2 Thomas B. White, *The Believer's Guide to Spiritual Warfare* (Ann Arbor, Mich.: Servant Publications, 1990), S. 15.
3 Cindy Jacobs, *Possessing the Gates of the Enemy* (Tarrytown, NY.: Chosen Books, 1991), S. 32; deutsch: *Die Tore des Feindes besitzen* (Lörrach: W. Simson Verlag, 1992).
4 Gwen Shaw, *Redeeming the Land* (P.O.Box 447, Jasper, Arkansas 72641: Engeltal Press, 1987), S. 81.
5 George Otis, jun., *The Last of the Giants* (Tarrytown, NY.: Chosen Books, 1991), S. 93; deutsch: *Der letzte Gigant* (Lörrach: W. Simson Verlag 1992).
6 Cindy Jacobs, *Possessing the Gates*, S. 235–236.
7 Charles H. Kraft, *Christianity with Power* (Ann Arbor, Mich.: Servant Publications, 1989), S. 129; deutsch: *Abschied vom aufgeklärten Christentum* (Lörrach: W. Simson Verlag, 1991).
8 Shaw, *Redeeming the Land*, S. 81 – 104.
9 John Dawson, *Taking Our Cities for God* (Lake Mary, Florida: Creation House, 1989), S. 20; deutsch: *Unsere Städte für Gott gewinnen* (Biel, Schweiz: Jugend mit einer Mission Verlag, 1991).
10 Ebd., S. 80.
11 Ronald G. Jostrow, »First 9 Japanese World War II Internees get Reparations«, *Los Angeles Times,* vom 10. Oktober 1990, S. 1.
12 *Los Angeles Times*, vom 13. August 1991, »World Report«, S. 1.
13 John Dawson, *Taking Our Cities for God*, S. 136.

Kapitel 8 · Die Mächte benennen und lokalisieren

1 James Walsh, »Cyclone of Death«, *Time* vom 13. Mai 1991, S. 29.
2 Robert C. Linthicum, *City of God; City of Satan* (Grand Rapids, Mich.: Zondervan Publishing House, 1991), S. 64 f.
3 Julia Loren, »Lea Leads Prayer Fight«, in *Charisma & Christian Life* vom August 1989, S. 30.
4 Kjell und Lena Sjöberg, *Rundbrief* vom 6. März 1991, S. 3.
5 Markus Barth, *Ephesians* (Garden City, NY.: Doubleday & Company, 1974), S. 803.

6   Gustav Davidson, *A Dictionary of Angels, Including the Fallen Angels* (New York, NY.: The Free Press, 1967).
7   Manfred Lurker, *Dictionary of Gods and Goddesses, Devils and Demons* (New York, NY.: Routledge & Kegean Paul, 1987); deutsch: *Lexikon der Götter und Dämonen* (Stuttgart: Kröner Verlag, 1989).
8   Vernon Sterk, »Dämonen mit örtlich begrenzter Wirksamkeit und Evangelisation in feindseliger Umgebung«, *Territoriale Mächte*, Hrsg. C. Peter Wagner (Solingen: Verlag Gottfried Bernard, 1991), S. 198.
9   Daniel Batt, »Yiwarrapalya: Highway of Holiness«, *On Being*, Mai 1991, S. 9.
10 John Dawson, *Taking Our Cities for God* (Lake Mary, Florida: Creation House, 1989), S. 156; deutsch: *Unsere Städte für Gott gewinnen* (Biel, Schweiz: Jugend mit einer Mission Verlag, 1991).
11 Clinton E. Arnold, *Ephesians: Power and Magic* (Cambridge, England: Cambridge University Press, 1989), S. 54.
12 Vernon Sterk, *Territoriale Mächte*, S. 198.
13 H. Bietenhard, »Name«, *The New International Dictionary of New Testament Theology* (Grand Rapids, Mich.: Zondervan Publishing House, 1976), S. 648; deutsch: *Theologisches Begriffslexikon zum Neuen Testament* (Gruiten: R. Brockhaus Verlag, [4]1986).
14 Dean Sherman, *Spiritual Warfare for Every Christian* (P.O.Box 55787, Seattle, WA. 98155: Frontline Communications, 1990), S. 100.
15 Robert C. Linthicum, *City of God; City of Satan*, S. 75.
16 Dick Bernal, *Storming Hell's Brazen Gates* (San Jose, Calif.: Jubilee Christian Center, 1988) S. 57.
17 Larry Lea, *Could You Not Tarry One Hour?* (Altamonte Springs, Florida: Creation House, 1987), S. 93; deutsch: *Könnt ihr nicht eine Stunde mit mir wachen?*, Teil 1 (Remscheid: Worte des Lebens e. V., 1989).
18 George Otis, jun., *The Last of the Giants* (Tarrytown, NY.: Chosen Books), S. 98–99; deutsch: *Der letzte Gigant* (Lörrach: W. Simson Verlag, 1992).
19 Ebd., S. 85.
20 Ebd., S. 85–86.
21 Sherman, *Spiritual Warfare*, S. 93–94.
22 Thomas B. White, *The Believer's Guide to Spiritual Warfare* (Ann Arbor, Mich.: Servant Publications, 1990), S. 136.
23 Cindy Jacobs, *Possessing the Gates of the Enemy* (Tarrytown, NY.: Chosen Books, 1991), S. 237–238; deutsch: *Die Tore des Feindes besitzen* (Lörrach: W. Simson Verlag, 1992).
24 John Dawson, *Taking Our Cities for God*, S. 85.
25 White, *The Believer's Guide to Spiritual Warfare*, S. 137.
26 Jane Rumph, *We Wrestle Not Against Flesh and Blood*, privat herausgegebener Bericht über Argentinien, 1990, S. 67.

Kapitel 9 · Die Grundsätze zur Einnahme einer Stadt

1   John Dawson, *Taking Our Cities for God* (Lake Mary, Florida: Creation House), 1989, S. 36; deutsch: *Unsere Städte für Gott gewinnen* (Biel, Schweiz: Jugend mit einer Mission Verlag, 1991).
2   Floyd McClung, *Seeing the City with the Eyes of God* (Tarrytown, NY.: Chosen Books, 1991), S. 9.
3   John Dawson, *Taking Our Cities for God*, S. 36.
4   John Huffman, »New Prayer Program Tested in Costa Rica«, in *Prayer Pacesetters Sourcebook*, Hrsg. David Bryant (P.O.Box 36008, Minneapolis, Minn. 55435: Concerts of Prayer International, 1989), S. 252–253.

5   Ebd., S. 253.
6   *The Bernal Report*, Ausgabe vom Dezember 1989, S. 2.
7   Francis Frangipane, *The House of the Lord* (Lake Mary, Florida: Creation House, 1991), S. 146.
8   Edgardo Silvoso in der Kurzschrift zur Ankündigung des *The First Annual Harvest Evangelism International Institute* (Erstes Jahrbuch des Harvest Evangelism International Institut), Oktober 1991, S. 2.
9   Dick Bernal, *Curses: What They are and How to Break Them* (P.O.Box 351, Shippensburg, Penn. 17257–0351: Companion Press), S. 71–84.
10 Laura Myers, »Christians pray for San Francisco Souls«, *Antelope Valley Press* vom 1. November 1990, S. B3.
11 John Wimber, »Facing the '90s«, in *Equipping the Saints*, Ausgabe vom Sommer 1989, S. 22.
12 Richard C. Lockwood, aus einer persönlichen Korrespondenz vom 16. April 1990.
13 Kjell und Lena Sjöberg, *Newsletter* vom 6. März 1991, S. 2–3.
14 C. Peter Wagner, *Die Gaben des Geistes für den Gemeindeaufbau* (Neukirchen-Vluyn: Schriftenmissions-Verlag, ^{3}1989).
15 Ebd., S. 44.
16 Cindy Jacobs, *Possessing the Gates of the Enemy* (Tarrytown, NY.: Chosen Books, 1991), S. 56; deutsch: *Die Tore des Feindes besitzen* (Lörrach: W. Simson Verlag, 1992).
17 John Dawson, *Taking Our Cities for God*, S. 39.
18 Ebd., S. 44.
19 McClung, *Seeing The City with the Eyes of God*, S. 34.
20 Ebd.
21 Koji Honda, »An Apology to the Peoples of Asia«, Japan Update, *Bulletin of the Japan Evangelical Association*, Ausgabe vom Oktober 1990, S. 8.
22 »Perils of Being Born Black«, in *Time* vom 10. Dezember 1990, S. 78.
23 John Dawson, »Siebenmal umkreisen: Das Durchbrechen unsichtbarer Hindernisse für das Evangelium«, in: *Territoriale Mächte*, Hrsg. C. Peter Wagner (Solingen: Verlag Gottfried Bernard, 1991), S. 177.

Kapitel 10 · Wie man Fehler vermeidet

1   Floyd McClung, Seeing The City with the Eyes of God (Tarrytown, NY.: Chosen Books, 1991), S. 18.
2   Johannes Facius, »Let God Be God«, Intercessors for America Newsletter, Ausgabe vom 3. März 1991. Johannes Facius erzählt diese aufschlußreiche und lehrreiche Geschichte ausführlicher in seinem Buch: *God Can Do It Without Me!* (Chichester, England: Sovereign World Books, 1990).
3   Ebd.
4   Ebd.
5   Wesley L. Duewel, *Mighty Prevailing Prayer* (Grand Rapids, Mich.: Francis Asbury Press of Zondervan Publishing House, 1990), S. 258.
6   Ebd., S. 260.
7   Johannes Facius, »Let God be God«, S. 3.